JINRONG QIAOCHU
SONG HANZHANG DE GUSHI

金融翘楚

｜宋汉章的故事｜

余姚市档案局　余姚市档案馆　余姚市人民政府阳明街道办事处　编
宋世长　著

宁波出版社
NINGBO PUBLISHING HOUSE

图书在版编目（CIP）数据

金融翘楚：宋汉章的故事/余姚市档案局，余姚市档案馆，余姚市人民政府阳明街道办事处编；宋世长著. -- 宁波：宁波出版社，2024.5
ISBN 978-7-5526-5372-4

Ⅰ.①金… Ⅱ.①余… ②余… ③余… ④宋… Ⅲ.①宋汉章（1872-1968）—生平事迹 Ⅳ.① K825.34

中国国家版本馆 CIP 数据核字（2024）第 083160 号

金融翘楚 —— 宋汉章的故事

JINRONG QIAOCHU SONG HANZHANG DE GUSHI

余姚市档案局　余姚市档案馆　编
余姚市人民政府阳明街道办事处

宋世长　著

出版发行	宁波出版社
	（宁波市甬江大道1号宁波书城8号楼6楼）
责任编辑	陈金霞
助理编辑	郑　孜
责任校对	余怡获
装帧设计	金字斋
印　　刷	宁波白云印刷有限公司
开　　本	710mm×1000mm 1/16
插　　页	6
印　　张	8.25
字　　数	100千
版　　次	2024年5月第1版
印　　次	2024年5月第1次印刷
标准书号	ISBN 978-7-5526-5372-4
定　　价	40.00元

如发现缺页或倒装，影响阅读，请与出版社联系调换，联系电话：0574-87248279

▲ 宋汉章像

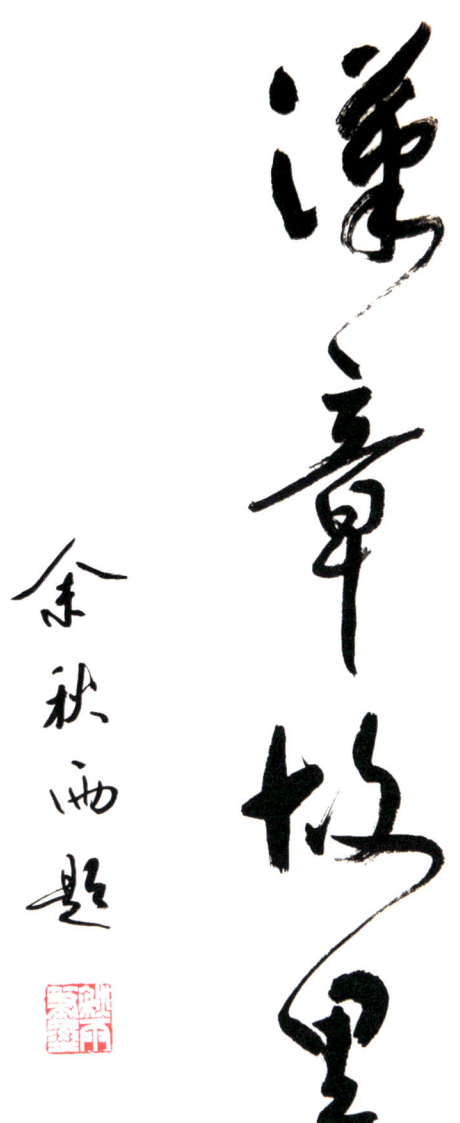

▲ 余姚市档案馆馆藏余秋雨题"汉章故里"
　档号：238-035-0004

▲ 余姚市档案馆馆藏宋汉章签名的民国时期中国银行发行的各面值兑换券
　档号：238-033-0001

▲ 余姚市档案馆馆藏宋汉章签名的民国时期中国银行发行的各面值兑换券
　　档号：238-033-0001

▲ 余姚市档案馆馆藏宋汉章签名的民国时期中国银行发行的各面值兑换券
档号：238-033-0001

写在前面

宋汉章被人尊称为"金融翘楚""中国银行第一人",名副其实,当之无愧。纵观宋汉章的一生,其品格高尚、风范优秀。

他,正气浩然、光明磊落、脚踏实地,从不趋炎附势、弄虚作假、仗势欺人,他厌恶在迎来送往中虚度光阴的官僚生活,以朴实的人格魅力和辉煌实绩实现真正的人生价值。

他,清操励俗、廉洁奉公、敬业勤恳,即使在身居高位、手握大权后仍心系大众,不丢俭朴,从不高谈阔论、沾沾自喜,总能处理好每一天的大小事务,从不乱花公家一分钱。

他,目光远大、爱国爱民、不畏强暴,为维护百姓利益而不顾自身安危,敢于同不正之风、假公济私的行为作斗争。

他,注重务实、爱惜人才、公正公平,量才录用且大胆破例提拔史久鳌、潘久芬、严成德等精通算术、有金融业务专长且品行过关的人才,对中国银行事业的发展、提升、壮大起到了不可估量的作用。

他，洁身自爱，不为流俗所染，很少参与国内外友人的交际应酬，无官场和市侩习气。坚持一夫一妻，没有三妻四妾，且不赌不嫖。这在当时的社会环境下，对于身缠万贯的人来说是极其难能可贵的。

他，担任过上海市总商会会长、中国银行上海分行经理、中国红十字会董事、中国救济妇孺总会董事、浙江会馆董事，又曾义务担任著名的慈善机构华洋义赈会会长、中国保险公司董事长。每一处、每一家他都尽心尽力、乐善好施，不管哪里有急有难有灾，他都会慷慨解囊，筹钱资助。他觉得家乡余姚应该有一所较有规模的现代化医院，便不顾已届古稀之年，四处奔波募捐筹资，创办余姚阳明医院。他又在故里浒塘创办宋氏小学，还为浒塘的救火会出资添办现代消防器材。

1949年，蒋介石逼宋汉章去台湾，他坚决拒绝，飞往巴西，后设法到香港定居。其间，他虽移居海外，但仍被推举为中国银行常务董事。至2024年，宋汉章已去世五十多年，但人们没有忘记他，有关他廉洁自律、勤以修身、俭以养德的故事仍被讲述和传颂着。乡亲们把他的故居修缮一新，在村口竖立起"汉章故里"的牌坊；在文化长廊里贴上他的相片，介绍他的生平事迹；在《余姚日报》上连载《宋汉章的故事》……

令人自豪的是，宋汉章这样一位受人尊敬、赞扬的大人物、大好人，恰与本人是同宗、同族、同村之人。按《宋氏宗谱》上百、世、云、祁、能、继、志等世系辈分排列，宋汉章为宋氏家族第25世云字辈人士，其父宋世槐与鄙人同辈。随着新农村建设的步步推进，"汉章故里"的一班人群情激昂、意气风发，列出十多个项目，提出要振兴群立（浒塘自然村现属余姚市阳明街道群立行政村），打造"汉章故里"，其中一个项目就是编撰一书，专门讲述宋汉章的故事。他们找到我，希望由我来写。对于听着大人们讲"宋汉章的故事"长大，爱好写写涂涂，年过八十的我来说，这正合心意。我早就想把宋汉章的故事用文字记录下来，编撰成书，于是毫不犹豫地接下了这项光荣任务。可出书谈何容易！资料欠缺，好多当事人已经离世，有些口述故事需花费大量精力及财力去核查、证实。宋汉章的后代，两个孙女远在美国（相隔已远的后代人也根本不知宋汉章当时的情况），加上本人才疏学浅、水平有限，一个个困难接踵而来。真的，我也曾有过打退堂鼓的念头，但是许多有识之士和乡亲在各个方面鼓励我、支持我，使我终于下定决心要把书稿写成并出版。几经周折，2022年冬初稿完成。虽文笔拙劣，文采不尽如人意，但故事真实动听，贴近生活、贴近大众，就让土言、土语、土腔调表达真感、真意、真性情吧！让汉章精魂世代长存，从而启发、感召、激励后人吧！

宋世长
2024年1月

目录 CONTENTS

- 壹 面熟的婴儿 / 01
- 贰 不说话的幼童 / 04
- 叁 卖蚊帐的女人 / 06
- 肆 耳朵的秘密 / 09
- 伍 逃学 / 12
- 陆 两个铜板 / 15
- 柒 巧惩"黄鳝竹笼" / 17
- 捌 三访同乡 / 21
- 玖 职场风波 / 24
- 拾 签名遭祸 / 26
- 拾壹 改名 / 28
- 拾贰 逃亡中的意外事 / 31
- 拾叁 回姚避难 / 34
- 拾肆 失业又丧妻 / 37
- 拾伍 又见曙光 / 40
- 拾陆 一把伞 / 42

拾柒　一场噩"梦" / 45

拾捌　抗拒停兑令 / 49

拾玖　调离他,还有什么用? / 52

贰拾　耗尽心血建宿舍 / 56

贰拾壹　被他小看,却为他说情 / 60

贰拾贰　约法三章当会长 / 63

贰拾叁　一条大黄鱼 / 66

贰拾肆　坐索钱财的"贵客" / 70

贰拾伍　新婚贺联 / 74

贰拾陆　不讲情面的娘舅 / 76

贰拾柒　火腿当柴烧饭吃 / 78

贰拾捌　横生出来的巴掌 / 81

贰拾玖　辞职背后的隐情 / 84

叁拾　中计 / 88

叁拾壹　三请校长 / 93

叁拾贰　烂田里翻捣臼 / 97

叁拾叁　良心医院 / 101

叁拾肆　救命医院 / 105

叁拾伍　并非孙女的孙女 / 108

叁拾陆　父亲的遗愿 / 112

附录1:汉章族人说汉章 / 115

附录2:1964年宋汉章写给家乡
　　　友人的一封信 / 125

面熟的婴儿

姚城西北,丰山西南麓,有两个叫浒塘、廊厦的相邻村庄,村民大多姓宋。相传六百多年前,有一个叫宋迪功的人,从姚城西北孝义堰村迁此定居,后发展繁衍,相继形成两个村落。其中浒塘村位于西,为宋氏最早定居地;廊厦位于东,为后裔移居地。因姓氏相同,又为有别于姚北诸多带有"廊厦"的地名,周边村民乃至姚城百姓习惯上合称此地为"浒塘廊厦"。

一百多年前,浒塘村有一个叫宋应周的人,为了给刚去世的父母寻找合适的坟址,请来了一位姓徐的风水先生。接下来的几天,两人踏勘了姚城西北、丰山周边的几座山头,最后来到丰山以西一处叫山头山的小山东南角。徐先生摆开罗盘,反复测算,最后认定此处是风水宝地。见宋应周尚存疑虑,便对他说:"这里枕山、环水、面屏、近岭、明堂、坐龙,日后定出贵人。"接着又说:"任何事情都不是十全十美的,这里风水虽好,但不够清幽,林木也不够葱郁,又遍生荆棘,是其不足之处,说明贵人的一生可能会有些坎坷,也没有好的破解方法。要想子孙发达,切忌贪欲、傲慢、邪见,常能积德行善,是有好报。"

宋应周牢记此语,余生一直乐善好施,经常给生活有困难的乡邻送衣送被、给柴给米,并叮嘱儿子宋世槐必须积善积德,不要赚黑心铜钿。

宋世槐是个生意人,主要经营食盐,兼营木材。后来为了生意上的方便,他携妻迁至福建建宁。

一天,他来到泉州港畔一个叫驿峰路的地方,会见一位杜姓盐商,生意迅速谈成。话题一转,杜姓盐商要宋世槐谈谈对福建食盐的看法。宋世槐非常直率地说:"福建食盐素有贡盐之称,口味上乘,但现在其他地方的产品都在改良,闽盐的优势或将不存,需要在口味上下功夫,需要精化传统工艺。"杜商认为他说的很对。两人各抒己见,相谈甚欢,不觉天已黑,就在当地客栈歇息。

睡梦中,宋世槐仿佛听到敲门之声,又见窗外霞光一片,一神仙模样之人怀抱一面目端正之婴儿,隔窗向他递过来,他正欲伸手去接,蓦然惊醒,方知是梦。屈指算来,家中妻子已临近产期,此梦不知是否与之有关。因而顾不得天色未明,他便急急起床,谋划归程。

从泉州到建宁,直线距离也有好几百里,且都是崇山峻岭,一般需转道福州,溯水而上;或转道厦门、漳州,水陆兼程而往。在途数日,宋世槐终于到家。

一进家门,宋世槐就听见内室传来阵阵呻吟之声。出来迎接他的是接生婆。因相互比较熟悉,所以接生婆一见面就指责道:"你呀,把生意看得太重了。你老婆产期提前了,现在痛得黄汗直流,又没有一个亲人在身边,真是可怜。"

宋世槐自知理亏,无言以对,只是跟随接生婆直奔内室,见妻子躺在床上,满头是汗。未及寒暄,只闻一阵更加剧烈的呻吟之后,一个婴儿呱呱坠地。待接生婆收拾停当,宋世槐接过襁褓中的婴儿,心头不由一愣:这孩子好生面熟,不就是前几天梦中神明递给自己的孩子吗!仔细端详,竟越来越觉得一模一样。宋世槐顿时百感交集,思绪万千,越来越觉得这不是一个普通的孩子。

此后一连三天,宋世槐翻阅了所有能查阅到的典籍,又经自己反复推敲、思量,决定给自己这第二个儿子取名为"鲁"。一是仰慕鲁地是圣贤之地,二是鲁字包含有鱼,寓意上苍送来一条大鱼,也隐含宋家此后能富足有余之美好愿望。

宋鲁,就是日后的宋汉章,中国金融界的翘楚。

贰 不说话的幼童

一般的孩子,一周岁左右都能牙牙学语。但宋鲁一天天长大,到了两岁还不会开口说话。

一开始,宋世槐对此也没有太放在心上,因为他曾听到过不少的传闻:某地有一个孩童,三岁还不会说话,后来不但能说话,还比其他孩子说得流利,读书也很聪明;某地有一个孩子,四周岁才开口说话,长大后足智多谋,满腹经纶。更典型的是老家余姚,明朝时出了个王阳明,他到五岁还不会说话,后来不但考取功名,还成为著名的思想家、教育家、军事家,成为一代圣贤。宋世槐夫妇期盼着有朝一日奇迹也能在他们儿子的身上发生。

因为生意关系,宋世槐经常在外奔波,有一次,竟离家整整一年有余。归家途中,他一直想象着已经四岁的鲁儿应该能开口说话了,会冲着他喊"爹"了。回到家,他就急着问妻子。妻子却含着泪对他说,不要讲说话,连跟儿子打招呼,也没有反应。或是听力有问题,是一个先天性的聋哑人。听到这里,宋世槐也着急了,顾不得旅途劳累，急急地带着儿子，到建宁县城一家医院的五官科做检查。经过检查、询问，医生告诉他，孩子已经四岁了，正常的孩子早已能开口说话，现在宋鲁的情况确实不好。医生在检查中发现，宋鲁的耳膜发育有问题。鉴于山城医院的条件有限，医生建议宋世槐带他到设施更加完备的医院做进一步检查。听到这儿，宋世槐更忧虑了，索性连家也不回，带着儿子直奔厦门。

他们在厦门找的这家医院，在整个福建都是排得上号的，是一家上规模、上档次的医院。医生反复检查、观察后，告诉他们：孩子的口腔生长、发育一切正常，只是耳膜生长异常，应该是先天性的。这种耳疾，就目前来说，尚无特效药，也没有好的医治方法。即使动了手术，首先效果如何，不敢保证，而且日后若是反弹，可能会更加麻烦。同时，医生还劝他们，过分担忧也没用，更不要病急乱投医，白白耗费精力和钱财。

宋世槐夫妇只能再次企盼奇迹的发生，企盼华佗转世，妙手回春。

叁　卖蚊帐的女人

梅雨绵绵不断，刚过黄昏，村道上已罕见行人。尽管因儿子迟迟不能说话，宋世槐夫妇心情不好，但吃过晚饭还是各自忙起自己的活儿：宋世槐打算盘算账；妻子洗好碗筷便撩开蚊帐，拿起蒲扇驱赶帐内蚊子。

笃笃笃……突然，几声敲门声使宋鲁母亲徐氏不得不放下蒲扇，打开了家中的大门。"你——"只见门外站着一个素不相识的女人，年纪五十开外，身穿已被雨水打湿的布衣，肩背一个大包袱，一手撑伞，一手拎着一个小包袱。"你——为什么敲我家大门？"徐氏相问。女人相求说："我是做夏布生意的，天黑又下雨，无处投宿，想在你家借宿一夜。"徐氏见人家态度诚恳，怪可怜的，与丈夫商量后，即让她进门并让她坐下说话。女人自称姓钱，家在泉州，丈夫瘫痪在床已经多年。为一家生计，她只得做起夏布生意。十多年来，她抛头露面，又肩背几十斤重的包袱，串街走村、挨家挨户推销夏布蚊帐。为省几个宿夜钿，凉亭、破庙、瓜舍、鱼塘棚常是她的过夜之处。今日，天黑又下雨，找不见破庙、凉亭，故敲门打扰，只求借宿一夜。

宋世槐夫妇十分同情眼前这位陌生女人的遭遇，不但同意她借宿一夜，还让她吃饭饱肚、洗身换衣。陌生女人对宋世槐夫妇十分感激。吃过饭，她便拿出一顶夏布蚊帐要送给他们。徐氏哪里肯收，女布商硬是要给，说天已渐热，蚊子开始肆虐，这蚊帐是她的一点心意。一个真诚地要送，一个执意不要，双方推来推去地争执。刚入内室准备安睡的宋鲁看到了，心中起疑端，跑到中堂，"呀——呀——呀——"地问父母，意思是"为什么推来推去？她（指卖布女）是谁"。女布商见宋鲁只是"呀呀呀"，而不会说其他话，便脱口相问："你们孩子已长这么高，还不会说话？"于是宋世槐夫妇就说这孩子是他们的第二个儿子，已四足岁，还不会说话。为这事，他们已费了许多心血，跑过多家医院，均不见效。眼下他们最担忧、焦虑的就是这件事。女布商闻知，即豪爽地说："十几年来，为谋生，各地山岙、码头、站台、城镇、村庄、大街小巷、海岛我是无所不至，四处奔波。听闻过、看到过的趣事怪闻难以计数。就在建宁县隔壁一县，有一位年过八十的吕姓草药郎中，治疗五周岁以下聋哑孩童，疗效独特，你们不妨前去一试。"得知这个消息，宋世槐夫妇如获至宝，他们决定，历尽艰辛也要找到那个草药郎中。

第二天，天蒙蒙亮，女布商就起身告辞，说还要去别处卖蚊帐。她要送给宋家的那顶蚊帐，最后以半送半买成交。临别时，宋鲁母亲真诚地感谢女布商提供了如此重要的讯息，并说日后她若再来这一带做生意、卖蚊帐,尽管到她家来吃饭、过夜,不收分文。此后,女布商到宋世槐家附近做生意,也真的来宋家过夜、吃饭,犹如亲戚一般。直至宋世槐离开福建建宁回到家乡余姚,双方才失去联系。

肆 耳朵的秘密

宋世槐夫妇把女布商提供的求医信息视如珍宝。三天后,夫妻俩就带着宋鲁离开建宁乘船来到邻县,然后边问人,边行走,翻越了崇山峻岭,步行了足足两个时辰,终于来到女布商说的小山村。见溪边走来一位老者,宋世槐即作揖相问,打听吕郎中家在哪边,要往哪里走。老者打量了宋世槐他们一番,开口说:"见你们这模样,是来找吕郎中治小孩聋哑病的,是吗?吕郎中,名气是真不小。可惜今日,你们是白跑一趟啦!"老者的话,让宋世槐急得差点跳起来,忙问:"为什么白跑一趟?吕郎中今日不在家?"老者回答说:"吕郎中医治好的聋哑儿确实不少,但也有不见效果、医治不好的。今年清明时节有一对夫妇要吕郎中治疗他们三岁儿子的耳疾,谁知治疗无效,他们就说吕郎中骗人钱财,多次上门大吵大闹,吕郎中赔了他们许多钱,他们还是不肯平息怒气,气得吕郎中吃不下饭,睡不好觉,发咒饿死也不再行医施药了。不久,他就离开这里,住到寿宁县下党一个朋友家去了。"

老者之话，似一盆冷水猛泼在宋世槐夫妇俩的头上，让他们既叹又愁。但他们仍不死心，又向老者问了些吕郎中的相关信息，接着向寿宁行进，大有不达目的不罢休之意。几经周折，他们终于到达寿宁县城。一打听，下党地处深山密林中，根本无车、船、轿可乘。要去，非步行不可。真是可怜天下父母心，为子医病，心真如金，志坚如铁，困难再大也难不倒宋世槐夫妇。他们轮流背着宋鲁，一步一步向山里行走，汗水湿透衣衫，脚底磨起水泡。傍晚时分，宋世槐夫妇终于来到了这个叫下党的山岙。下党峰峦叠嶂，谷狭坡陡，岩崖嶙峋，云雾变幻，问过多位村人后，总算找到吕郎中的住处。这是座明清建筑风格的两层三间小楼，青砖黛瓦，木门雕窗，天井遮院，古意盎然。吕郎中听完他们的诉说，为他们的诚心所感动，顾不得自己曾发过咒，竟一把拉过宋鲁，仔细地察看他的双耳，还用手指弹拨双耳四周，按捏耳朵上的相关穴位。然后，他嘴巴漏着风（老郎中多颗牙齿已掉落）说："孩子耳蜗是先天性发育不良，但并非全部坏死。虽属疑难耳症，但尚有好转可能，现在服药治疗，还有复其听觉、使其能开口说话之希望。"

　　老郎中几句话，使宋世槐夫妇忍不住热泪盈眶，他们盼的就是这一天啊！宋世槐即拿出一锭银子要给老郎中，但老郎中坚决拒绝，说："这孩子的耳疾我尽力根治，我是被你们的诚心打动了，银子再多我也不要。"老郎中不但给了一大篮草药，告诉他们煎、服的方法，还为宋世槐一家人安排当晚的膳宿。宋世槐夫妻犹如绝处逢生，喜出望外，感恩不尽。

回到建宁，宋鲁母亲依吕郎中之嘱煎煮草药，给儿子喂药。七天后，宋鲁的耳朵好似有了听觉，能听见声音了；一个月后，便能跟着大人学说话了。

儿子开口说话，宋世槐夫妇心中的大石头终于落地，他们随后多次派人到下党感谢老郎中，可惜再也寻不着这位善良厚道的好医生，连他的朋友也不见了踪影。旁人众说纷纭，有的说他们去寺院修行，有的说老郎中已经亡故，也有的说老郎中受人之邀去了江西。宋世槐在遗憾之余写下了一张条幅，上写"真正圣贤在民间"七个大字。据说，这条幅宋汉章一直珍藏着，直到"文化大革命"时被毁。

伍 逃 学

1881年，宋世槐离开福建建宁，携全家回余姚，在老西门姚江边建置名为"积庆堂"的房屋定居后，就把宋鲁送到龙泉山麓一小学堂就学。

一个星期一的早晨，宋鲁背着书包高高兴兴上学去了。不到一个时辰，天气突变，气温骤降。母亲为免儿子着凉，急匆匆地送衣服去学堂。但先生告诉她，宋鲁今天没来上学。母亲大吃一惊，急忙回家告知丈夫。宋世槐也同样吃惊，而且感到气愤——自己最寄予厚望的儿子竟然逃学了。着急之余，他们也开始考虑其他种种可能，派人到附近各地及亲属朋友家打听，均无结果。正准备进一步扩大寻找范围时，儿子背着书包回来了。

儿子回来了，宋世槐夫妇悬着的心也放下了一大半，心慈的母亲忙着给孩子添加衣服，并准备吃的。父亲则一把拉过儿子，问道："你今天做什么去了？为什么没去读书？"父亲板着的脸和严肃的话语，让宋鲁不得不道出实情。

昨天是星期天，宋鲁征得父母同意后，上龙泉山去游玩。在三孝子祠旁，碰到一个小乞丐伸手向他要钱。宋鲁说身上没带钱，说完继续往前走，却听后面传来嘤嘤的哭声。回头一看，是刚才的那个小乞丐，坐在地上伤心地哭着。出于好奇，宋鲁回到他身边，问是何故，小乞丐瞟了他一眼，说："你又没有钱，说了也没用。""说出来让我听听也可以嘛，或许能帮得上忙。"见宋鲁态度诚恳，加之年龄相仿，小乞丐就哽咽着告诉他，自己姓章，上虞崧厦人，父母以出海捕鱼为生。他六岁那年的某一天，父母去捕鱼，遇到海上风暴，再也没有回来，他只得与奶奶相依为命。去年奶奶也死了，堂房叔伯也无力收养他，他只得四处流浪，沿街乞讨。当下，他已两天没有吃过东西，快走不动了，故而流泪。

一向衣食无忧的宋鲁，第一次听闻世上竟有如此悲惨之事，他见此人可怜，决定尽力帮助他。他先从自己口袋里掏出几块饼干递给他，看着他狼吞虎咽吃下后，就对他说："今天我真的没带钱，明天我给你送钱来。"见小乞丐半信半疑，宋鲁又一本正经地告诉他，明天还在这老地方见。

回家后，他想把这事告诉父母，但又怕父母责怪他小小年纪多管闲事，便决定自行解决。第二天一早，他想法儿从母亲那里多要了几个钱，早早出门，送钱去了。

小乞丐见他如此热心，非常感动，差一点要跪下，因而把他当作了好朋友，对他无话不说。小乞丐所讲的一切，都让宋鲁感到十分新鲜。别的不说，单是崧厦那海边的光景，就让宋鲁恨不得跟着小伙伴马上去海滩上捡贝壳、摸海螺、抓小鱼。聊着聊着，越聊越有兴趣，越聊话语越多，宋鲁忘记了时间，小乞丐也忘记了饥饿。一阵寒风吹来，两人不由自主地站了起来，宋鲁一摸书包，才想起了要上学，只得辞别小乞丐，急匆匆向学堂奔去。等到学堂门口，已放午学了，宋鲁只得回家去。

听完宋鲁的这一番叙述，宋世槐夫妇哭笑不得，不知道该用怎样的言语来教训这个"逃学"的儿子了。

宋鲁正准备接受父母对他的训斥和惩罚，父亲的脸色却早已由阴转多云，并迅速由多云转晴了。他和善地对儿子说："今天你因送钱而停学一事就不追究处罚你了，下午由你母亲陪你去学堂，向先生如实讲清事情缘由。下次若再遇此类事情，必须先告诉父母，千万不可自作主张。"

后来，母亲不但为他添加了衣服，还往衣服口袋里多塞了一个铜板。

陆 两个铜板

宋鲁十岁那年的大年初一,居住在姚城老西门外的他,要父亲宋世槐陪他去祖籍之地浒塘。父亲问他原因,宋鲁说:"我听说,每年正月初一浒塘的祠堂里非常热闹,小孩子聚在一起吃东西、玩游戏,给大人们拜年,每个小孩子还可领取两个铜板呢。""这里到浒塘有十来里路,来去起码要花半天时间,不方便,算了吧。"父亲说。"十来里路,半天时间,算得了什么,我要去,你不陪我去,我一个人去。"宋鲁似懂非懂,煞有介事。父亲拗不过他,只好陪同宋鲁前往浒塘。

到了浒塘祠堂,人们身穿新衣、新裤、新鞋袜,谈笑风生,进进出出,热闹非常,直乐得宋鲁闭不拢小口。许多孩子与宋鲁并不相识,但一会儿工夫,他们却像是早已相识的好朋友,相互赠送瓜子、花生、糖果、炒豆……玩得非常开心。宋鲁还与其他孩子一样给大人们叩头拜年。拜过岁,族长太公便给孩子们发铜板。当宋鲁向族长太公伸手要铜板时,太公却说他不能领取铜板。这使宋鲁感到十分委屈，大为扫兴。族长太公捋了下胡须，告知宋鲁，因他并非出生、居住在浒塘，往年从没来过，故名册上没有他的名字。"那你们应该给我补上，我爷爷、太爷爷都世居浒塘。我出生在福建，只是因为我爹外出做生意，现在我们已回到余姚，这铜板你应该给我。"宋鲁据理力争。"鲁儿，既然名册上没有你的名字，两个铜板就算了吧！时候已不早，我们还是回家吧，两个铜板，我给你。"宋世槐出来打圆场。

"你给我，我不要，我就是要祠堂里给的铜板，别的孩子有，我为啥没有？正月初一，姓宋的孩子在祠堂可领取两个铜板，这是老规矩，就是走得很远很远，我也姓宋啊。今日，这两个铜板我非要不可！"宋鲁一字一句，理由充分，使族人们大为震惊，纷纷说这孩子小小年纪，讲的话却似乎出于大人之口，将来定有出息，看来宋家又要出个大能人、大名人了。众人都要族长太公在名册里补上宋鲁的名字，并给他两个铜板。宋鲁从族长太公那儿接过两个铜板，又连连向太公拜了三拜，高兴得双脚直跳。这是宋鲁第一次，也是最后一次在宋氏宗祠（浒塘敦睦堂）领取铜板。他把这两个铜板视作珍宝，看作是自己作为宋氏家族一员的荣耀。许多年过去了他都没把这两个铜板用掉，一直珍藏着。

柒 巧惩"黄鳝竹笼"

临近年关的一个星期天,北风怒号,雪花飞舞。宋鲁在上海中西书院的同学许祖光急匆匆地来找宋鲁,要宋鲁想想办法,帮他家渡过难关。原来,他父亲因生意亏本,债台高筑,迫于债主逼债紧,无奈之下,将一只祖传之宝宋代瓷盆拿到当铺典当。当铺朝奉不但硬压价钿,还只给三个月的赎回期限。如今典当押期快到,他父亲无钱赎回宝盆,若卖给当铺,肯定是一头大水牛只卖只小黄狗的价。眼下又时近年关,他父亲真是走投无路了,因而彻夜难眠。

宋鲁早就听说那家当铺的朝奉,贪婪刻薄,专动诈取百姓钱财的脑筋。穷人对他恨之入骨,因他财大势大,才敢怒不敢言,只是给他取了个绰号——"黄鳝竹笼"(意为此人特别看重钱财,只进不出)。宋鲁也早想治治这个"黄鳝竹笼",替百姓们出口气,怎奈苦无机会。听完许祖光父亲被他欺诈的事,宋鲁更觉气愤难平。"黄鳝竹笼"竟乘人之危,趁火打劫掠取不义之财。他劝慰许祖光:"别急,咱共想良策,要那个'黄鳝竹笼'服服帖帖地将宝盆还给你家。"

下午，许祖光又来与宋鲁商议，宋鲁胸有成竹地凑近许祖光，和他说了自己想的妙计。

　　第二天，许祖光手捧一只小硬纸箱奔向那家当铺，一进店就对坐在柜台后的朝奉——"黄鳝竹笼"说："朝奉先生，我有个宝贝要当。""黄鳝竹笼"身穿长衫，鼻梁上架一副近视眼镜，有人来当东西，他自然是求之不得，笑脸相迎。见来者还是一个年轻后生，他更是喜出望外。多年经营使他得出后生、姑娘年纪轻轻，资历浅薄，来当铺典当者均为急着用钱，急于脱手，愿把羊肉当作狗肉，自己可图利匪浅之经验。他连忙放下水烟筒，故作和善地问："小后生，哪里人？当啥东西？""我叫许祖光，上海人，两个多月前，来你处当押那只宋代瓷盆的人就是我父亲。因家里实在无钱赎回当给你的那只瓷盆，年关又至，逼得我父亲想上吊自寻短见，我才偷偷又拿来一件上代祖宗传下来、世上稀有的珍宝来当。"许祖光回答。闻听此话，"黄鳝竹笼"更是眉开眼笑。他知道许家上代确有一人曾在皇宫内库当过差，他父亲来当的那只宋代瓷盆，普通家庭也根本不可能拥有，今天他儿子又拿来另一件世上稀有的宝贝来当，真如福从天降。他暗自高兴，看来，自己发横财的日子到了。他抬了抬近视眼镜，迫不及待地从许祖光手中接过小纸箱，想打开来看看里面藏的究竟是什么宝货。许祖光关照他说："这世上稀宝如被没福之人随便触碰，就会自然消失。你啊，千万小心，别把它损伤，甚至弄丢了。""我开着这么大的一家当铺，该是个有福之人吧！什么金银珠宝、古董稀物，我是见得多、碰得多、摸得多了，后生不必大惊小怪，损坏了，弄丢了，我赔偿。""黄鳝竹笼"既自信又傲慢地说。接着,他就把硬纸箱的上盖给打开了。说时迟,那时快,只听"嘟"的一声,还没等"黄鳝竹笼"看清箱内到底是什么宝贝,"宝贝"就已经跳出纸箱,朝着当铺门外飞走了。

"哎哟哟,朝奉先生你在怎样折腾宝贝?你可知道,这是一只'金凤凰'啊!"许祖光大喊大叫,双脚顿地。"啥?金凤凰?你不能乱话三千。""黄鳝竹笼"不以为然。"谁乱话三千?这确是世上稀有的'活宝'——'金凤凰',不给它喝水、喂食,它也能长活世间,一到晚上,还会发出光芒,唱戏唱歌给人听呢。你把它弄丢了,我要你赔。"许祖光一脸认真。"哼,要我赔,赔个屁!这金凤凰、银凤凰只是你自己在说,就算是啥金凤凰,也与我无涉,是它自己飞走的,我连什么东西都没看清,怎能叫我赔?""黄鳝竹笼"推卸责任。"是你打开纸箱,'金凤凰'才飞走的,你别想赖。何况,我不是关照过你吗?如无福之人触碰这宝贝,它会自然消失,要你千万小心。你非赔我的'金凤凰'不可,别以为我年轻好欺负。"

就在许祖光与"黄鳝竹笼"二人争执不下的时候,当铺外走来一个人。什么人?正是宋鲁。他故作不知地问"黄鳝竹笼":"朝奉先生,你们二人为了什么事情争得面红耳赤?""黄鳝竹笼"一见宋鲁,不由一愣,他知道宋鲁的父亲是大老板宋世槐,有靠山,有来头,众人敬仰。今天,要是他儿子能帮自己说话,那事情就好办了。他赶忙抢先把二人争吵的原因说给宋鲁听。"噢!原来是这么一回事。我倒也听说过许家上代有人做过大官,家里有多件世上稀有的珍宝,其中一件活宝就是'金凤凰'。"

宋鲁寥寥数语，使"黄鳝竹笼"觉得似被人当头一棒。他赶忙对宋鲁拍马屁："宋少爷，你家世代忠良，为人正直，我心中十分敬仰，请你说句公道话，今朝这金凤凰飞走之事，明明与我无涉，怎能叫我赔偿？""你打开了纸箱的盖子而使里面的宝贝飞走，这是事实，就是打官司，法官也一定这么说。"宋鲁轻轻的几句话，使"黄鳝竹笼"明白，看来，今天是破财的日子，自己就是跳进黄河也洗不清了。他只得自认晦气，表示愿意作一定的赔偿，央求宋鲁做个中间人，与许祖光了结此事。

许祖光一口咬定，"金凤凰"是无价活宝，硬要"黄鳝竹笼"追回来，赔给自己。此时，宋鲁装作一派公正公平的样子，批评许祖光："做人不可过分，有道是善有善报，恶有恶报，'金凤凰'已经飞走，恐怕连神仙也难以要回了，我看就让朝奉先生赔你一点钱算了。"并要许祖光开个价。许祖光看了一眼宋鲁，开口道："看在这位少爷讲情的分上，我只好痛失活宝，至于钱嘛，起码得赔三百两白银。""黄鳝竹笼"听得吓出一身冷汗，还是宋鲁为他说话，与许祖光讨价还价，把赔偿价格一压再压。最后，双方谈妥：朝奉将许祖光父亲当初典当的那只宋代瓷盆无偿退还给许家，另赔偿银子三十两。

飞去的"金凤凰"究竟是什么宝贝呢？ 这是宋鲁有意惩罚恶奸商"黄鳝竹笼"使的锦囊妙计，那"金凤凰"只是许祖光家平时养在鸟笼里的一只鹁鸽。

捌　三访同乡

牧师宋耀如作完演讲，天气突变，瞬时乌云密布。眼看大雨将至，教徒们纷纷离开教堂回家。宋耀如也急匆匆走下讲台，拿起雨具准备回家，刚到门口，被人拦住。宋耀如定睛一看，拦住他的是个少年，他认识，是上海中西书院一个名叫宋鲁的学子。他只得把撑伞合拢，问："你有什么事？""你姓宋，我也姓宋，我想与你攀亲。"拦人者开门见山。"天下同姓何甚多，我与你不沾亲，不带故，最多也只是个师生关系，攀亲从何谈起？"宋耀如又撑伞要走。"你别急，听我说，你我非但同姓，还是同乡呢！你家夫人不也是余姚人吗？我故乡也是余姚，寻根问祖，你我不是沾亲带故了吗？"宋鲁一心想以同姓、同乡来打动宋耀如，日后好接近这位既是教堂牧师又兼中西书院教师的贵人，以便补上自己英语成绩不理想的短板，有利于自己的学业。谁知宋耀如显得有点不耐烦，抛给宋鲁一句"你的想象力倒挺丰富的"，便匆匆撑伞离开教堂。

宋鲁未曾料着宋耀如会如此"无情无义"。转念一想，世上好事大都不能一举而成，父亲不是常教导自己，办事一定要有毅力、有恒心吗？第二天，他又上书院教务室去找宋耀如，但被告知，宋教授有事外出。又过了一天，他再次来到宋耀如的办公室。宋耀如一见宋鲁，劈头就说："昨天你也来过了？这教务室不是任何人都可出入的地方。""我是特殊的人啊，谁叫你我是同姓、同乡。"宋鲁的回答出乎宋耀如意料，但他还是绝情地说自己正忙，没空与他闲聊。

不说宋耀如的"无情"使宋鲁感到委屈，却说宋耀如回到家里，倒与夫人倪桂珍谈起了宋鲁三番两次拦住他，想找他攀个亲的事情，倪桂珍对这个同乡少年倒心生好奇。她想，一个年仅十三岁的少年竟凭同姓同乡而一再拦人、找人，足见此人有胆识、有魄力、有毅力、有恒心，非是一般孩童。于是她告诉丈夫，如宋鲁再来找他，不妨与他聊上几句。

一天傍晚，宋鲁又来到教务室，这回宋耀如待宋鲁站定后问他父亲在何处从业，他家世居何方，既然称余姚是他的家乡，可知余姚的一些名堂。宋鲁答道："我父亲叫宋世槐，母亲徐氏，世居余姚浒塘廊厦。父亲因从事盐业曾到福建发展。我九岁时，父亲携全家回余姚，住老西门积庆堂。余姚人才辈出，人文荟萃，素有'东南最名邑''文献名邦''姚江人物甲天下'之美誉。如今我父亲在上海电报局就职。我们的的确确是余姚人，与你家夫人是不折不扣的老乡。她的故居不就在余姚候青门管家弄吗？离我们居住的积庆堂不过咫尺啊！"宋鲁举止文雅、口齿伶俐、对答如流，胆大、心诚，小小年纪对家乡却有深厚情怀，使宋耀如大为惊异：此人可谓特殊之才，将来定能成就一番大业。此苗落在中西书院,也真是天赐也。宋耀如激情澎湃,当即代表夫人认宋鲁为同乡,至于同姓,古语道:同姓三分亲嘛!

后来,宋耀如将宋鲁视作特殊人才,关心有加,针对宋鲁其他学科成绩俱优,唯有英语成绩一般的现状,与外籍英语教师打了招呼,对宋鲁给予额外指导。这使宋鲁的英语能力大有长进,为他日后熟练使用英语打下了坚实的基础。

玖　职场风波

19世纪70年代,棉布、火油、五金等日用洋货涌入中国,有线电报、电话等新式通信工具也渐渐出现在通商大埠。19世纪80年代初,著名上虞籍旅沪绅商经元善任上海电报局会办。经元善认为企业兴衰关键在人,他不拘一格,广招人才,当时已从福建回乡赋闲在家的老朋友——宋世槐也在其网罗之列。宋鲁离开上海中西书院后,因其父就职的电报局生意非常兴隆,便也入职上海电报局,担任会计一职。他勤奋诚恳,做好会计本职工作之余,还去夜校学英语、习书法,并试着用英文向《字林西报》投稿。一次,为了写好一篇稿子,他改了又改,直到深夜母亲叫他睡觉了才停止。当时的宋鲁一心扑在工作上,决心为电报事业做出一份贡献。

谁知人生道路犹如风云变幻无穷。一天,他正在做账,一位同事传信给他,说局行政处负责人要他去一趟行政处办公大厦。宋鲁哪敢怠慢,一口气跑到了行政大楼的处长办公室。处长脸色阴沉,一见宋鲁劈头就说:"有人举报你,说你生活作风有问题,亲眼瞧见你与一名年轻女子在夜间同逛一家娱乐院。"当头一"棍"打得宋鲁瞬间发愣，不知说啥好。未等宋鲁开口，处长严厉地告诉他，限他三天，说清前因后果，并交一份检讨报告。

三天后，宋鲁递呈给处长的不是一份检讨报告，而是一份辞职报告。因为那天晚上与宋鲁同逛娱乐院的年轻女子并非别人，是宋鲁的嫡亲姐姐。

事情澄清后，不少好心人劝慰宋鲁莫与小人计较，事情弄清楚了就好。但当时风华正茂、意气风发，上进心极强又涉世不深的宋鲁认为，自己遭受了极大侮辱，今日有人诽谤自己，说不定明日就会有人给自己穿小鞋。大丈夫志在四方，无须吊死在一棵树上。何况自己在电报局已干了六个年头，应该去尝试一下新的领域了。

没多久，经考核，宋鲁入职上海海关，后被派遣至设在宁波的海关工作。但宋鲁觉得在海关难有展示自己才华的机会，在父母、兄长的劝说下，他终于鼓起勇气，辞去海关工作，更顾不得旁人是如何议论和看待，复入上海电报局。此时的宋鲁可谓是豪情满怀，他决心实干、苦干，刻苦努力，不辜负父母及电报局老板经元善的期望，让一些门缝里瞧人的人刮目相看。但他始料未及的是，一场更大的灾难会无情地降临至他的头上。

拾　签名遭祸

返回电报局后，宋鲁严格要求自己，力求崇德向善、宽厚信实、劳于筋骨、不计名利。每天早一刻上班，晚一刻下班。这天傍晚，他整理好案头的相关资料，刚要下班，办公室来了电报局老板——经元善。宋鲁赶忙笑脸相迎，欲去沏茶，经元善即上前阻止，说有要事相商，随即拿出一纸，展开于桌上，轻声告诉宋鲁："临近新年，朝中出了大事，慈禧太后存心一权独揽，要废掉与她时有冲突、意向不合的光绪皇帝，另立十五岁的溥俊为'大阿哥'（皇储），并改元为'保庆'。慈禧太后这一充满野心的举措，招来天下具有正义感人士之不满，上海一众开明绅商、维新派纷纷表示反对。我认为皇上（指光绪皇帝）公正明理，能以江山为重，并无大错，故吾辈应力保皇上，反对另立皇储。现已拟就这份总署转奏电禀，上面已有章炳麟、汪贻年、唐才常等一千多位著名人士签字画押，你是否也能支持这份电报，在上面签上名字？"经元善说得实在、有理，宋鲁未加思索，即舒起羊毫在电文上签下了"宋鲁"二字。

电文得到了上海各界人士的广泛支持，但也因此引发了轩然大波，给宋鲁带来了一场意外的灾难。慈禧太后闻讯，勃然大怒。她即令刑部将"电禀"事件列为"造反"之案，通缉在电文上签名的一千二百多人，宋鲁自然名列其中。

政治的确残酷无情。只因一纸电文，上海不少平时光鲜亮丽、有头有脸的大人物瞬间沦为朝廷钦犯。不少人被缉捕归案，入狱受刑，不少人被弄得倾家荡产。为躲避清廷追捕，不吃眼前之亏，宋鲁只得在经元善等人的安排下离开上海，南下逃亡，一家子骨肉分离。2月初，宋鲁等人逃至香港，然后又抵达澳门。抵澳后，逃亡的这群人商议后决定，缩小目标，分散藏身，白天不上大街、酒馆，晚上不住客栈、旅社，投宿民居甚至车站、码头。少聚集，少露面，可投亲靠友，但不可吐露真情，除每隔三天在约定的地点碰头、交流情况外，平时尽量不见面。于是大家各自分散活动、生活。对自小有父母宠爱、不愁吃穿、养尊处优的宋鲁来说，逃亡生活真的是让他吃足了苦头，体验到了人生的另一种滋味。

两个礼拜后，有暗探告知经元善等人，"电禀"一事，朝廷紧追不放，一时不会了结。经元善考虑到宋鲁年纪轻轻，刚结婚生子，肯定比别人更思家心切，如此度日，不仅虚耗青春，还会使他精神受挫而引发不敢想象的后果。再则宋鲁并非此案的首要分子，即使被捕，也不会被重判重罚。于是经元善要宋鲁振作精神，离澳返沪，以期家人团圆，东山再起。他还建议宋鲁改名字以遮人耳目。闻言，宋鲁求之不得，从速整理行装，踏上返沪之路。

拾壹 改 名

宋鲁归家心切，离开澳门，转旋至香港，等到他踏上广州轮船码头时已是夜幕降临。眼望万家灯火，宋鲁想到自己却无处可去，孤苦、凄凉之情齐涌心头，无奈迷茫中他向码头的候船室走去。候船室里灯火皆暗，但还有人走动、进出，也有人已把长椅当作眠床，安身休息。宋鲁找到一个靠墙的长椅，准备就此过夜（虽身上有钱，但不敢去投宿客栈）。他只摘下头上礼帽，不脱长衫、裤子、鞋袜，和衣躺下睡觉。可怎么也睡不着，他思念父母、妻子、兄长，更思念尚未足周岁的儿子，恨不得一下飞到上海，回到家中，抱抱可爱的儿子。迷迷糊糊中，他入睡了。不知过了多久，突然觉得有只手在推动他的肩膀。他本能地摸了摸当枕头的行李袋，睁开蒙眬的双眼，只见一个身穿短衣、年约三十的男子站立在身旁。

"你是谁？为什么推我？"宋鲁慌张地问。

"天快亮了，可以起来了。"男子说。

"我起不起来，关你什么事？"宋鲁没好声地说。

"我见你衣衫整洁,不像是个没钱的人,却不去住客栈,也在码头过夜,所以心生好奇,是否也碰上了什么难事?不妨随便聊聊,解解心头之闷。"男子说得有几分理。

"你是哪里人?为何也夜宿码头?"宋鲁倒问男子。

男子自称是广西柳州人,姓诸,名益宁。因家里穷,年过而立还是单身。他告诉宋鲁,自己如今是被人陷害,才落得有家难归。他家的隔壁邻居是并非嫡亲的堂兄一家,堂兄长得矮小,但头脑活络,会见机行事。然而堂嫂大概是看中男子高大帅气,三番两次来他家勾引他,他均严正拒绝。这天,堂嫂又来他家,说家里出现了一条大蛇,她吓死了,请他帮忙把蛇赶走。他不敢推却,去到堂兄家,问蛇出现在哪里,堂嫂说在灶间水缸旁。他正弯腰找蛇,堂嫂却把他紧紧抱住。堂兄在县衙门做事,平时很少回家,那日正好回家来,撞见这一幕。堂嫂即反咬一口,说他调戏自己,堂兄不由分说,抽了他两大巴掌,说他强占有夫之妇,并扬言要回县衙门告状,第二天就要派人将他捉拿。

那天晚上,他是越想越气,越想越怕。气的是天下竟有如此黑白颠倒、是非难辨的事,怕的是自己无权无势,真被衙门捉拿就得遭牢狱之灾。为避过这一灾难,他起身下床,整理包袱,绕道小路,逃离家乡,来到了广州。如今他靠拉运煤炭挣点小钱,维持自身生活,为省钱,晚上只好到轮船码头过夜。

男子的叙述让宋鲁心头不由生出同病相怜之感。他本不想与男子交流过多,这下反倒追问他:"县衙门有没有追索于你?事情就这样过去了吗?"

"我也曾想到,事情并非如此简单,为逃避这莫须有的罪责,不被他们抓捕,我改了名字。"男子走近宋鲁,压低声音,神秘地说,"听口音,你不是这里人,看样子你不会是坏人,我就对你说实话,我不姓诸,不叫益宁。我本姓孙,名叫洲南,子孙的孙,五洲四海的洲,东南西北的南,我是改名逃难,寻求新生啊!"最后,他关照说:"这事你知我知,万万不可告诉别人。"

看着天已大亮,男子即向宋鲁道别,说要去拉煤挣钱了,若有缘分,下次再见。

看着男子远去的身影,宋鲁思潮翻滚,浮想联翩,不管他说的是真是假,是诸益宁还是孙洲南,他话中的"改名逃难,寻求新生"几个字对自己倒大有启发。那男子改名逃难,自己为何不也改动名字,寻求新生呢?何况,经元善老板也建议他潜回上海前改名。男子的启发、老板的提议,二者为何如此巧合?难道这是天意?宋鲁走出码头,对天长叹,决意改名。猛地,他想起《诗经》中有一句"倬彼云汉,为章于天",又结合自己的兄长名为"彩章",就立马决定改名为"宋汉章"。

此后,宋鲁就正式启用"宋汉章"之名。

拾贰　逃亡中的意外事

绕出广州市中心，宋汉章来到北郊。夜色朦胧，淫雨霏霏，雨水打得双眼难睁，去何处栖身躲雨？见路旁有一小屋灯光闪亮，宋汉章仿佛见到一丝希望，加快脚步，走近小屋，轻轻叩门。开门的是位五十岁开外、衣着朴素、干练整洁的农妇。宋汉章恳求农妇，让其进屋躲雨。农妇见他已成落汤鸡模样，允他进屋。他本想待风雨稍减，即动身启程，哪知风雨不仅无退却之意，还越来越大，只得央求农妇让他借宿一晚。农妇问他："你家住哪里？要去何处？风雨之夜为何还急急赶路？"一时间，宋汉章想不出什么话来回答，本想用虚言搪塞一下，转一想，若假话被戳破，反而弄巧成拙。他见眼前之人长相善良，言语中肯，淳厚朴实，决定如实相告，恳求农妇谅解而容他一宿。宋汉章开口道："实不相瞒，我是一名被朝廷缉捕的逃犯。"

"什么？你是一名逃犯？"闻言，农妇自然惊慌，要宋汉章快快离开。宋汉章上前解释，他这个逃犯一没窃偷捣乱，更没杀人放火，只是签了个字罢了。农妇听了，不懂其中意思。宋汉章就把自己因在一份反对另立皇储,力保光绪皇帝的电文上签了个字的事情和盘托出,照实告知农妇。农妇听毕,松了一口气。宋汉章又苦苦央求:"大妈,如今屋外一片漆黑,风大雨狂,我一个逃犯又有何处可去?"他请求农妇做件好事,让他等天明之后再走。农妇见宋汉章言语恳切,举止有礼,确实不像越轨之人,萌生同情之心,但又怕丈夫与她异心,只得言道:"这过夜之事,我自不能作主,待我丈夫回家后再决定吧。你可暂且休息一下。"宋汉章迫不及待,上前问道:"你的丈夫在干什么?何时方能回来?""傍晚,乡长慌慌忙忙地来到我家,好像今晚有紧急之事。我丈夫跟乡长去做事情了,天亮前总能回来吧!"农妇含糊地回答。

令宋汉章意想不到的是,这农妇的丈夫竟是这村庄里的保长。他近来特别忙,在奉行县衙门传达的朝廷密令,组建特别队伍在乡村要道设岗,搜查过往人员,目的就是缉捕在通电上署名的一千余名旅沪绅商、维新分子中出逃在外的漏网之人。今晚,到处戒严,正刮着缉捕逃犯的"暴风"。农妇之夫正好在执行这特殊的重任。宋汉章啊宋汉章,看来今晚你是自投罗网、撞上枪口了。

屋外,风雨不肯停歇,屋内灯盏暗淡。宋汉章如坐针毡,焦急万分。午夜时分,"吱"的一声,门响了,农妇之夫终于回来了。他一进门,顾不得换身干燥衣服,就指着坐在桌旁的宋汉章问妻子:"这是谁?"只见农妇上前,贴近丈夫耳朵,说了好一阵子。话毕,农妇之夫走近宋汉章,厉声责问:"你是哪里人士?多大年纪?姓甚名啥?""祖籍浙江余姚,虚岁廿九,原名宋鲁,刚改名为汉章。"宋汉章如实回答。"为何要改名字?""为的是逃避灾难,求得新生。""你对我妻子说的是否全是实话?""我见大妈质朴、善良,不会害人,并无半句虚言。"宋汉章的语气柔中带刚,仪态从容。顿时,农妇之夫只管自己装烟、吸烟,并不理睬宋汉章,半袋烟工夫后,他对宋汉章道:"看在你年轻、讲真话、露真情的分上,允许你今晚在我家借宿。也算你命大,刚巧撞入我家,要不然你将是大祸临头,难免牢狱之灾。"

然后农妇之夫将自己是一保之长,正在执行密令,搜捕还在潜逃的保皇派人员之事告知宋汉章。可谓无巧不成书,农妇之夫虽身为保长,但对当今世道腐败无能及慈禧太后的品行极为不满,只是敢怒不敢言,见宋汉章与自己意气相投,为人诚实,经过激烈的思想斗争,决意横下一条心,保护宋汉章,放他一马。

五更时分,保长又起身外出,告知宋汉章,不必惊慌,他还得去执行上司布置的任务,连同其他人员去村保里挨家挨户敲门搜查,发现操外地口音、来路不明的陌生人员一律扣押,解至乡里,后押至县衙门处置。因他是保长,他家可免去搜查。

第二天早上,这个好心的保长还亲自把宋汉章护送至一乡里干事的朋友家,说宋汉章是自己的远姑表亲,一直生长、工作在上海,现来广州办事,顺便看望他,拜托朋友将这位表亲护送至广东境外。

宋汉章任中国银行上海分行经理后,曾两次派人到广州北郊寻访这对恩人,遗憾的是均寻访无果,村人告知寻访人员:陆保长夫妇光明磊落,正直慈善,村人敬服,怎奈老天不公,夫妻双双寿命不长,已亡故多年且无后代。

拾叁　回姚避难

经广州北郊一对夫妇的救援，又几经周折，宋汉章终于回到了上海。当他出现在妻子金氏面前之时，金氏如同见到了救命菩萨，有病在身、卧躺在床的她竟一骨碌坐直身子，拉住宋汉章双手，久久不放，喜极而泣。宋汉章也是百感交集，为妻子擦干眼泪，又把儿子杏村亲了又亲。金氏盼望从此以后宋汉章不再出事，夫妻不再分离，家人永远团聚。她哪里知道，当时上海警方哪敢违抗"王爷"（指慈禧太后）的指令，缉捕保皇派的风声依然很紧。一家人刚团聚三天，宋汉章父亲宋世槐就发现自家门外、屋前屋后常有陌生人出现，踱步走动。为避不测，宋世槐要宋汉章再次离沪避难。上次是南下，这次该去往何处呢？金氏提议，去自己的余姚娘家。

刚团聚，又分离。宋汉章再次踏上逃亡之路，乘坐小火轮来到余姚。舅兄见宋汉章到来，视如宾客，腾出自己的房间、拿出最好的棉被给宋汉章居住、使用。他劝慰宋汉章，不要过度恐慌，这里地处姚城西郊丰山脚下一个不被外人注意的小山岙，名叫畚箕湾。除了村人，很少有人进出，环境幽静，安全性高。为遮外人耳目，防止消息泄露，宋汉章闭门不出，每日只在房中静坐看书，连一日三餐都由舅兄命儿子送至房中。几天后，宋汉章舅兄扮成商贩来到上海，告诉妹妹金氏及宋汉章父母——宋汉章在姚，一切安好。同时他还走街串巷，打听消息，探听风声。待了两天，他又返回余姚，给宋汉章诉说相关情况。舅兄一片诚心，安排巧妙，宋汉章的居住条件也称得上优越，但这些怎能抚平宋汉章内心的焦虑、痛苦呢？他也曾几次提出要去离畚箕湾只三里路远的故乡浒塘看看，均被舅兄阻止。理由很简单，安全为要，看望家乡乡亲来日方长。宋汉章只得任其安排，只觉得度日如年。

宋汉章全家人日日期盼通缉一事能早早过去，草草了结，但事情并没那么简单。一天夜饭时辰，家中来了宋汉章在电报局的一位好友，他告诉宋汉章之父宋世槐，自己获得确切消息，上海警方认为在力保光绪、反对另立皇储一事上，宋汉章虽非首要分子，但与首要分子经元善关系密切，故也必须尽力捕捉。有人猜测，宋汉章已潜回上海且去了妻子的娘家——余姚，故上海警方要调动人员前去余姚探查。听闻消息，久经商场的宋世槐也一筹莫展，金氏更是急得全身发抖。幸亏宋汉章舅兄刚巧又来上海传递消息，他一边安慰妹妹及宋汉章父母，一边急忙动身返回余姚。回姚后，他将宋汉章转移到姚江边上一个叫七里浦的小村子里，关照亲戚一定要把宋汉章照顾好。为了万无一失，三天后，他又把宋汉章"藏"到姚江南岸一个叫菖蒲塘的村子的一亲戚家里。

宋汉章在余姚东躲西藏地生活了两个多月，总算免遭一劫。其间，他舅兄往返上海五次，四处活动又打听消息。直至闻知经元善等首要分子也已潜回上海，捕捉保皇派的风声有所减弱、缓和，征得宋家人的同意后，才陪着宋汉章返回上海。

拾肆　失业又丧妻

宋汉章从余姚返回上海后,第一时间即去拜见父母。父亲告诉他,自经元善弃局南逃,电报局连连出事。政府虽派人接管,但因上层管理人员相互倾轧、钩心斗角,造成人心不齐、人才走失、树倒猢狲散的局面。父亲还神色凝重地告诉宋汉章,近日自己也被局行政处除名,理由是经元善是他的好友,儿子是被朝廷缉拿的逃犯。宋家可能会由此败落,今后一家人的生活肯定会受到影响。他要宋汉章接受教训,痛定思痛,从此安分守己,好好找份工作,担起养家糊口的重任。他又告诉宋汉章,总体来说,上海通缉追索他们这批保皇派的风声已没前段时间那么紧了,据说慈禧太后对自己的不当言行也有所觉察而收敛,但仍不可掉以轻心,要小心为上。

金氏看见丈夫,泣不成声。可怜她因宋汉章出事担惊受怕而卧病在床,在没有宋汉章音讯的日子里,她深感孤苦无依,惶惶不可终日。虽有公爹请来名医,为她切脉、开方、治疗,花去大笔医药费,但效果甚微。此刻,她流着眼泪向宋汉章倾吐真情,她说宋汉章已是而立之年的男子汉,靠父母接济过日子不是长久之计。如今宋汉章已经改名,追索风声有所减弱,她要宋汉章壮壮胆量,走出家门去找份工作,养活儿子和自己。宋汉章望着瘦弱无力、眼睛无神的妻子,好生心痛,妻子病成这个样子,还一心为家庭着想,他二话没说,答应妻子,愿意豁出去,找份工作。

找工作,往哪儿去找呢?电报局,那肯定是条绝路。宋汉章父子四处托亲挽友,怎奈当时上海世道混乱,无处着落,许多部门企业均因宋汉章是曾被朝廷缉拿的宋鲁而不敢录用他。当然也有些如夜总会、舞厅、戏院等娱乐类部门招人,但宋汉章认为这些不合自己的志趣而不想前往。

在这就业困难的时候,宋汉章想起一个人,那就是早年中西书院的同窗好友许祖光,他认为他俩情非一般,当年他曾想方设法帮许祖光巧惩了"黄鳝竹笼",许祖光现已成为一家印刷企业的部门负责人,替自己介绍一份工作易如反掌。他带了点礼品,急匆匆地找到了许祖光,谁知许祖光明白宋汉章的来意后冷冷地说:"仁兄遭朝廷通缉,鄙人深感不平,只叹我无能为力,无法替仁兄分忧,敬请谅解。礼品,许某哪敢收受,望兄带回。"宋汉章没说二话,扭头就走。

就业屡屡碰壁并没有让宋汉章死心,第二天他又找到了曾在教堂讲授《圣经》的那位牧师,他认为牧师人头熟、人脉广、威望高,一定有门路。谁知那牧师只字不提找工作的事,反倒指责宋汉章不该违背《圣经》神训,不守本分,干出丑事。差一点儿,自己还被宋汉章这个不规矩的信徒连累呢。满怀希望而来,几句刺痛心扉的言语犹如当头一盆冷水,使宋汉章从头冷到脚,对"世态炎凉"这四个字有了更深刻的理解。

就业无门,处处碰壁,宋汉章表现出一种心灰意冷的状态。金氏看在眼里,急在心里,她觉察到丈夫是有话不敢对自己说,不公平的世道已逼得丈夫走投无路了。她越想越忧心忡忡,病情急剧加重。这天晚上,金氏觉得胸闷气急,天旋地转,她觉察自己的生命已走到尽头,她要宋汉章当晚不要离开她的身旁,并用微弱的声音对宋汉章说:"我不能再与汉章为伴了,汉章切莫过于悲伤,一定要续娶内贤,把儿子抚养成人。"宋汉章不知所措,只是眼泪直掉,哪肯答应金氏?金氏强撑精神,艰难地说:"你不续娶内贤,儿子何人抚养?你不答应,我死也不瞑目!"宋汉章只得含泪点头,表示答应。金氏闭上双眼,永不再睁开,宋汉章失声痛哭。

这真是屋漏偏逢连夜雨。失业已使宋汉章痛苦万分,丧妻更是雪上加霜啊!

拾伍　又见曙光

金氏去世，全家人极其悲哀，宋汉章更是悲痛难忍，终日闷闷不乐，常常暗自流泪。宋世槐见儿子似乎快要被一连串的不幸之事逼疯，也惶惶不安。白天，他不顾劳累，跑脚头、求人情、费精力、耗钱财，为的是能替宋汉章找到一份较为理想的工作。晚上，他常常彻夜难眠，偶尔入睡做梦，也是在替儿子找工作。功夫不负有心人。一日，一位祖籍上虞、操持一家钱庄的旧友告诉他一个信息：一家由中国人创办不久、总行设在上海的银行正在招收行员，且内部有条不成文的规矩，同等条件下，余姚籍人士优先录用。宋汉章闻讯，如获至宝，次日就迫不及待地去往那家银行探听虚实。探听来的消息令宋汉章眼睛一亮：银行名为通商银行，创办于1897年，父亲的好友经元善也曾有资金投放，占有股额。可喜的是，经元善这时也已从澳门回到上海。宋世槐即与经元善联系，经元善一口答应尽力相助，并告诉宋世槐，银行总行的买办名叫陈笙郊，人称"华大班"，握有实权，也是余姚人，与自己曾有一面之交。也正应了"踏破铁鞋无觅处,得来全不费工夫"这句老话,经报名、笔试、面试,陈笙郊对宋汉章表示满意,对他一口流利的英语及一篇英语书写的文章尤为赞赏。宋汉章顺利地成为通商银行员工,任跑楼一职。

此时的宋汉章一边默默忍受丧妻之痛,请父母监管、教养儿子,一边尽力振作精神,铭记逃亡、失业之苦,全身心投入工作。他表现不俗,受到银行上层的重视,又由于他有良好的英语基础,没多久,领导层就决定:宋汉章在任跑楼的同时兼任银行内"华大班"与"洋大班"两个账房间的翻译,负责银行所聘请的一位英国籍人士美德伦(内部称之为"洋大班")和中国籍人士陈笙郊(内部称之为"华大班")这两个重量级人物之间的沟通。

宋汉章十分珍惜这来之不易的机遇,勤奋工作的同时,研究西方银行的管理制度与中国旧式钱庄业务经营方法之共同点和不同之处,不断积累管钱币、理财的方法和经验,提出自己的新思路、新理念,还用中文、英文书写论文,得到银行总裁盛宣怀的赞叹,包括多次的当众夸赞。次年,银行领导人又将宋汉章提升为司事,并多次派他往天津、香港等地的分行查账。宋汉章不负重任,对每家分行每笔账目均认真核对并分析数据,有根有据,无虚言空话,实实在在拟就查账报告。他对自己也严格要求,节俭办事,所费旅差费用总是远远少于银行的规定。

接二连三的好事、荣誉,使宋汉章心头那些被通缉逃亡、就业碰壁、痛失爱妻的阴霾慢慢地散去,他又重见到了曙光。

拾陆　一把伞

刚过立春,通商银行上海总行"华大班"陈笙郊又派遣宋汉章赴香港分行查账。半月后,查账完毕,他乘船抵达广州,因时近黄昏,已无回上海的车船,便打算在广州住上一宿。

一下船,天下起雨。宋汉章庆幸自己带着雨伞,就撑伞步行,欲找饭馆和客栈。忽然他发现身后有一个四十开外、身穿西装的男子与自己往同一方向赶路,只是没撑雨伞,被雨淋湿了。他故意放慢脚步,存心等那个中年男子赶上自己,好与那人共用自己手中的伞。不一会儿,见中年人赶上自己,宋汉章连忙招呼道:"雨越下越大了,你快过来,咱俩共用一把伞。"边说边把撑伞的手伸了过去。那中年人见这陌生年轻人竟把伞伸向自己,心中有被人雪中送炭的感觉,连声感谢。

二人在一把伞下一同赶路,见前面有一家饭馆,中年男子邀宋汉章一起入内用餐。餐毕,二人争着结账。宋汉章眼疾手快,抢先付了饭钱。此时,天已全黑,二人商议决定,找家客栈住宿。客栈安身后,二人自然又聊了起来,从当今世道不平、朝廷腐败,到学习英语的体会心得、牧师传道的演讲水平,越聊越投机,均有一见如故、相见恨晚的感觉。于是他们又把各自的祖籍住址、现任工作单位、家庭人员等情况告知对方。中年男子提出,要与宋汉章结为朋友,往后多多往来,多通音信,多多交流。略过片刻,宋汉章婉言谢绝,理由是:不敢高攀。原来,那中年男子名叫陈道遗,是清朝政府北京度支部里的一位握有实权的官员。可以说是一位财大气粗、有头面的人物。难怪宋汉章会感觉高不可攀。也不知何故,陈道遗却缠住不放,诚恳地要宋汉章不要多想,并言道:朋友之交,不论职位高低、富贵、贫贱,而重在心心相印、话语投机、患难与共、风雨同舟。宋汉章被陈道遗的真诚感动了,上前拉住陈道遗的手久久不放,并吐露乱世流离,自己曾被朝廷通缉,南逃澳门,吃足苦头,后又痛失结发之妻的悲伤之情。陈道遗劝慰宋汉章,年纪轻轻,来日方长。他说,难,最能历练人;经过生死考验的人,才坚不可摧;困难是暂时的,路是有志人踏成的;下雨总是短暂的,太阳才是永恒的。

经陈道遗劝说,宋汉章顿觉心情开朗了许多,他提议:他俩不但是普通朋友,还要升级为知交。这一夜,二人直聊至东方发白。要分别时,二人真的是依依难舍。此后,宋汉章、陈道遗常有书信往来,偶尔也见面叙谈,亲如同胞。

一年后,初秋的一天,宋汉章又接到陈道遗从北京寄来的一封信。内容大意是北京度支部决定出资库平银十万两创办一家储蓄银行,这是一家在京城行使中央银行职能并兼办商业银行业务的复合型银行，要招聘经理若干名，已有几名经人推荐通过了考核，现尚缺一个名额，要宋汉章在8月初赴京应考。信的最后，陈道遗还写道："一个更加广阔的活动舞台呈现在你的面前，望勿失机。"读完陈道遗的来信，宋汉章的思绪久久不能平静，内心真的感谢这位知心朋友，立马回信致谢，并告知一定努力奋斗，狠抓机会。

几天后，宋汉章风尘仆仆地赶至北京。谁知前来应聘经理一席的，不只他一人，另外还有三人。陈道遗关照他不要紧张，竞争是正常现象，鼓励宋汉章凭银行多年的工作经验，定能胜出。

经过激烈的竞争和考官严格的考试（分笔试、面试），宋汉章以扎实的英语功底及银行理账的实践经验力败竞争对手，终于获取北京储蓄银行经理之职。

任职后，宋汉章任劳任怨，尽职尽责，创新存取方便、服务存户的制度，勖勉所属，吸收了清廷的大宗存款，成绩卓著，获得度支部负责人的赏识。

1910年，宋汉章被度支部派往上海，主持大清银行上海分行的清理工作。度支部负责人还因陈道遗推荐了这样的优秀人才而连连夸奖他有眼力。陈道遗却平静地说："看人必须从他的骨子里看，从他的小作为中去冲破表面看本质，所谓'小中见大'。宋汉章与我拼伞是小事，但从这一把伞中，我认定这个人是个好人，真诚待人，乐与他人共享，所以我定要与他结为朋友，相信他。"

拾柒　一场噩"梦"

这日傍晚,上海滩阴风阵阵,春寒袭人,街上行人稀少。曹家渡附近小万柳堂外走来一人,头戴黑色礼帽,身穿灰色短长衫,鼻梁上架一副近视眼镜,耳朵里戴着助听器。莫看他貌不惊人、衣着朴素,可在上海滩却也算得上是一个很有名气的人,他就是中国银行上海分行经理(有时称行长)——宋汉章。宋汉章不坐车乘轿,又不带下属,一个人急匆匆地要到哪里去呢?

原来他应华侨梁建臣先生之邀,去曹家渡小万柳堂赴宴。宋汉章来到屋内没多久,身后突然蹿出几名彪形大汉,不由分说,将宋汉章硬拉扯到停泊在苏州河上的一条小船上。宋汉章尚未回过神来,小船已起锚开航,驶到别处。然后这群人将宋汉章拉扯上岸,押进一座深宅大院的客厅。

约半个小时后,内室闪出一人,这人宋汉章认识,就是官居沪军都督的陈其美。他皮笑肉不笑地对宋汉章说:"宋先生,让你担惊受屈了。请你到这里,鄙人也实属无奈。"

陈其美几句话,让宋汉章心里全明白了,今日自己是被陈其美绑架了。他定了定神,直爽地说:"陈都督,有事直说,何必如此!"

"宋先生,真痛快,那我就开门见山,其实还是那几句老话,上海新政府财政困难,请贵行履行政令,拨款捐助。"

"这件事,我不是早就回复都督,中国银行上海分行的性质是股份制的,一切资产属于股东。恕本人不能作主,无法出钱。"宋汉章一字一顿,态度严谨。

"宋先生,你可知有人将你告发,罪名有三。"陈其美威胁道。

"罪名还有三条?请告知,汉章洗耳恭听。"宋汉章不慌不忙。

陈其美煞有介事地说:"其一,你身为中国银行上海分行经理,拒绝上海新政府对大清银行财产的接收,目无法纪;其二,你生活腐朽,任大清银行经理之际,有贪赃枉法行为;其三,政府多次传唤你,你却四处躲藏,拒不到案,明抗政令。凭这三条罪状,就可将你重重处罚。"陈其美扬扬得意。

"陈都督,请你别信口雌黄。大清银行,财产盘点一清二楚,有眉有目。说我生活腐朽,贪赃枉法,证据何在?你多次想以筹措军饷的名义向我行借款,明明是情理不通,怎说我违抗政令?"宋汉章站直身子,据理反驳。

"你不要敬酒不吃吃罚酒,如再执迷不悟,从此休想回家。"陈其美手拍桌子,凶相毕露。

宋汉章深知陈其美是青帮出身,五毒俱全,心狠手辣,黑道上混迹多年,为谋己利,不择手段,上海光复竟弄来个沪军都督的官位。

今日，自己若不答应他的要求，可能要大难临头，家人难见。但他仍严正地说："要关要押，甚至要杀，都任都督之便，要我从银行拨款给你，恐怕难办！"宋汉章的话，气得陈其美手脚冰凉，恼羞成怒，令人将宋汉章扣押在都督衙门。

宋汉章被拘捕的消息传开，顿时轰动全上海。为此，有人甚感奇怪，一个声名甚好的银行行长为什么突遭拘捕？内中肯定有不可告人的秘密。当然也有人窃窃私语：人人都长肚脐眼，哪个不见钱眼红。有人四处奔走，为宋汉章叫屈鸣冤。有人直接电陈孙中山、袁世凯，要求迅速电告陈其美，释放宋汉章。

时任临时政府司法总长的伍廷芳认为，陈其美绑架拘捕宋汉章实属侵犯司法权限，有悖于民主国家法制精神，故也致电陈其美，要求立即放人。袁世凯鉴于当时形势与民众呼声，于宋汉章遭捕次日（1912年3月25日）电致陈其美："迅饬查明释放。"陈其美呢？他因沪军都督府实际饷银收入很少，开支巨大，财政确实困难，想从宋汉章那儿搞点钱。偏偏宋汉章"一毛不拔"，故对宋汉章甚是不满。他对众人的劝说不加理会，对上级有关电告也置之不理，继续组织查账小组查账，企图寻找宋汉章侵吞公款、贪赃枉法的证据。他对查账小组人员下达了密令：1. 每笔账目必须反复细查细核，尽力挑剔，一有疑点马上报告；2. 此次行动不许向外泄露，严守秘密；3. 对有功人员给予重奖。一连半个月，查账人员几乎都快把几本账本翻烂，还是找不到半点差错。陈其美费尽心思，一无所获，找不到宋汉章不依规办事的任何把柄。

在公共舆论和上下的层层压力下，陈其美只好答应释放宋汉章，为给自己找个台阶下，他要求钱业董事会出面，将宋汉章保释。

查账之事并无收获。不久，沪军都督府被撤掉，陈其美落得个被人臭骂的下场。而宋汉章呢，虽被关押二十多天，但因他公私分明、廉洁奉公，不但保住了自身的清白，还获得社会更多的赞誉。他把这次小万柳堂事件当作是噩梦一场。

拾捌　抗拒停兑令

1916年5月的一天,天还蒙蒙亮,位于上海三马路的中国银行门口就有许多人把银行围得水泄不通,估计有2000人之多。他们手持当时银行所发行的兑换券,你挤我推,争先恐后,撞门攀窗,几乎不顾生死。为什么出现如此景象,一片混乱呢?原来,政府前几天公布了一项停止兑现的命令,命中国银行、交通银行对前阶段向社会各界发行的兑换券一律停止兑现。眼见自己所持有的兑换券就要成为废纸,百姓心中的焦虑、不适、恐慌、怨恨可想而知,他们赶往银行想要一探究竟,一心想尽快兑取现金、现银。

令人出乎意料的是,银行门口竟贴着一张大布告,告知持有兑换券的顾客,不要恐慌,按序排队兑换,本行所发行的兑换券保证有效,近几日,银行照常开门营业,绝不拒兑。公告虽然写得很清楚,但事实到底如何,人们还是心中没有底。上午八时,银行大门按时打开,柜台上的行员一一给持有兑换券的人兑现,还有行员维护秩序。这使人们的忧虑少了不少,情绪平静了许多。第二天,《申报》

等上海各大报纸刊登了中国银行上海分行的公告，内容是：5月13日延长办公时间，下午照常开门营业；14日原为星期天，也破例开门，自上午九时至十二时，收兑本行兑换券。同时还告知人们，中国银行上海分行所发行的兑换券，除本行照常收兑外，还可向本行委托的各代兑处兑换现金现银。铁一般的事实使人们悬着的心终于彻底放下，挤兑风潮在上海只闹了一星期左右就被平息。

挤兑风波虽平息，但不少人心中仍有一个大大的问号。政府的停兑令，为什么在上海不生效？谁敢冒着这么大的风险不执行政府的命令而去捍卫人民大众的利益呢？这内里有许多鲜为人知的故事，许多内情与宋汉章有关。原来，那个所谓"国家政府"，实质上是袁世凯窃取权力组建的临时政府，当时财政收入已十分拮据。袁世凯政府早在4月份就密电各地中国银行、交通银行将现银运到北京，让总行统一保管，集中使用。虽然由于种种原因，袁世凯未达到收银至北京的目的，但当时在银行工作且富有一定经验的宋汉章预感到袁世凯政府决不会就此罢休，下一步可能会有更大的只图己利、损害民众、扰乱金融市场的举措。于是他东奔西走，日夜忙碌，不辞劳累地与项兰生、蒋抑卮、陈光甫、李馥荪等当时上海金融界头面人物联系、商议、策划，成立了中国银行上海分行股东联合会，共同抗拒停兑令。各股东白天分头行动，拜访沪上各华商银行及汇丰、德华等外商银行主要负责人，积极争取他们的支持，使之成为照常兑现的资金后盾。晚上，股东们则在项兰生家里碰头、开会，密商应对袁世凯政府可能会采取的措施的办法。

在兑现资金基本落实,准备工作全部就绪后,宋汉章冒着自己可能会被拘捕暗杀的危险,毅然决定以中国银行上海分行股东联合会的名义宣布:一切依银行规章制度办事,拒绝接受停兑令,照常兑换现金、现银。

抗拒袁世凯政府的停兑令使中国银行和宋汉章信誉大增,声望日隆,沪行发行的兑换券及钞票流通范围更广。中国银行的信誉、地位迅速提高。有人赋诗咏赞宋汉章曰:"中国银行宋汉章,不听袁令抗中央。力将钞票通常兑,博得人间信用彰。"

拾玖 调离他,还有什么用?

虽然已以政府名义发布了中国银行、交通银行兑换券停止兑现的命令,但这一天袁世凯仍忧心忡忡,坐立不安。原因是大清早他派出的一名暗探秘密告知他一个确切的消息:以中国银行上海分行经理宋汉章为首的一批沪上金融界人士正在筹建中国银行上海分行股东联合会,四处筹备现金和现银,抗拒停兑令。袁世凯大为恼火,意图对付宋汉章,使停兑令能顺利执行。于是他拨通了下属的电话,让其设法免去宋汉章中国银行上海分行经理的职务,最后还叮嘱:事成后速告。通话完毕,袁世凯顿觉一身轻松。

眼看已经过去好几天,罢免宋汉章一事杳无音信,却又闻中国银行上海分行拒不执行停兑令,银行仍照常开门营业,兑换券仍照常可兑换现金和现银。这究竟是怎么一回事?这一切迫使袁世凯以极其严肃的口气责问下属:宋汉章是否被罢免?停兑令在上海是否不折不扣地执行?下属在电话里的回答使袁世凯倒吸一口冷气,气得他手脚冰凉、呼吸困难,半晌说不出话来。过了好久,他才龇着牙说——此人棋高一着,已先人一步了。

原来,宋汉章在接阅停兑令的电文后,甚感惊惶,但立时镇定了下来,认为如遵照停兑令执行命令,将直接宰割天下同胞,使众多百姓用血汗换取的兑换券瞬时变成一团废纸,同时会丧尽国家元气,中国银行将从此信用扫地,永无恢复之望。中国整个金融组织亦将无法脱离外商银行之桎梏。于是他即与副经理张嘉璈商议决定:拒受政府命令,照常兑现付存。但是要抗拒政府命令,把美好的设想付诸实践,谈何容易?个人安危可以置之度外,却难阻挡袁世凯政府不择手段用种种借口对他进行迫害,如突然把他罢免、调离,使他没有权力、时间、精力和机会来执行预拟的抗兑令计划。到时候,宋汉章就是有再大的本领、再高的志向恐怕也无济于事了。有何办法能使自己顺利地完成社会、民众、时代赋予自己的抗拒执行停兑令这个历史使命呢?

宋汉章翻看书刊,请教别人,一心寻找答案,后来他想到了上海会审公堂,准备用法律保护自己的权益。他奔至弄堂口,叫了辆黄包车,直达会审公堂,诚恳地向法官请教:如果当局行文,要罢免、撤销、调离银行经理时,是否有办法使现任经理能拖延几天时间,仍留在银行继续工作,行使其相关权力?一位姓陆的法官告诉宋汉章:钱庄、银行等金融部门,说穿了是直接做钞票生意,如果与这种部门(单位)有直接或间接经济利益关系的人或团队,如银行(或钱庄)的股东存户,持有银行(钱庄)所发行的票据、票券的个人或团队向会审公堂控诉银行(钱庄)的负责人(主要是经理或行长、庄主、老板)损害他们的合法权益,侵占其合法所有,要求法庭阻止其这种行为,那就可以成立诉讼。在诉讼未判决期间,任何部门、组织直至当局都不能以种种借口来罢免、调离、撤销被诉讼人(经理或行长、庄主、老板)所属部门内的职务。

懂得了这些法律知识,宋汉章抗拒停兑令的信心更加坚定。他即返身拜访、联络了中国银行上海分行的几位股东,如实诉说自己要抗拒停兑令、银行照常兑现兑银的想法,并要他们与自己配合,各去请一位律师,分别代表银行的股东、存户、兑换券持有人,向法庭起诉他,以避免袁世凯政府的突然袭击,确保抗拒停兑令这件大事的顺利执行。事后,就是遭受最大的不幸,他宋汉章也心甘情愿。明白了宋汉章的来意后,几位股东均为宋汉章不顾自身安危,千方百计捍卫民众利益、国家利益的高尚情操所深深感动,都表示支持抗拒停兑令,毫不推辞,一定遵照宋汉章的嘱托办理诉讼一事,虽属假戏但一定要真做,便立即行动。

由于宋汉章深思熟虑,一切安排妥帖,故袁世凯在责问宋汉章是否被撤职时,下属只能胆怯地回答:"总座授意,鄙人已知,怎敢怠慢?怎奈宋汉章近日被人诉讼,官司缠身,国法所定,在诉讼未判决期间,任何部门直至当局不得以任何形式、理由将被告人罢免、撤职、调离,以致官司中断,损害受害人利益,失信于民。故当前,鄙人实在无法将宋罢免调离。"他还想说些别的,哪知袁世凯早把电话筒扔了。

约过了半个小时,袁世凯又接到下属打来的电话,其向袁世凯保证：待法庭判决定夺，一定在第一时间将宋汉章调离中国银行上海分行。想不到他被袁世凯狠狠地训了一顿。袁世凯最后说："你可知道，宋汉章素来无人与他对簿公堂，偏偏这个时候官司缠身。这明明是在演戏，目的是抗拒停兑令。兑换券都兑成现金现银了，我要银行上交的银两从哪里来？宋汉章一手策划的抗兑令肯定已成定局，到那时你再调离他还有什么用！"

贰拾　耗尽心血建宿舍

夜已过三更,窗外的雨还不肯停息。

宋汉章思绪纷乱,独自孤愤,责备自己骛于虚名,愧对员工。他虽已服了催眠药物,还是久难入眠。今夜,宋汉章的心情为什么会如此不安、自责呢?

事情还得从白天他吊唁一位病逝的老员工说起。

宋汉章有个规矩,凡属中国银行上海分行的职员,不论职务高低、年龄大小、工龄长短、因何离世、在职还是已退休,去世之际,他定要亲临逝者家中、丧事现场,以表望逝者安息及对家属的慰抚。

前一日,他闻知银行一位名叫冯吉传的老职员因病而逝,便赶往冯家吊唁。冯家家属见宋汉章亲临丧事现场,感动不已,强忍悲恸招待他。宋汉章请冯家人专心操办丧事,无须关注自己。

他喝了几口茶,就起身缓步走动,细看已被布置成灵堂的冯家各处,并询问在场人员,了解冯家情况。冯家因经济原因,一家四口挤在这间不到三十平方米的屋子里,儿子已年近三十,虽人品不错,却因没有住房而还未娶妻。当了解到这些情况后,宋汉章心里非常难受。为给逝者设个灵堂安放灵床、灵桌,冯家人将床铺、饭桌等全部搬拆,但地方还是不够,灵床的头与灵桌紧紧相挨,使窗门无法关闭。

真是屋漏偏逢连夜雨,时近中午,天气突变,下起倾盆大雨,因窗户无法关闭,窗外的雨水纷纷飘入屋内,将已躺在灵床上的冯吉传老人脚上的一双寿鞋渐渐打湿。一位在中国银行工作了大半辈子的老职员,竟要穿着一双被雨水打湿的鞋子上路……这凄惨的景象让人目不忍睹,宋汉章难过得心如刀绞。

回家后,宋汉章无心茶饭,反复责备自己枉为中国银行上海分行经理和上海总商会会长,没把部属的生活安排好。联想到住房困难这个问题,不仅仅是冯吉传一家的困境,也是不少员工普遍面临的难处。有一个颇有才能的毛姓职员不就因为银行附近无合适的住所而只好抛却银行工作去另谋生路吗?上次自己到一职员家中家访,见他床上吊挂着一块木板,问他此板何用,他回答说住房小,家里来个客人,无安床之处,没办法,只得将此板吊平,两边用两只扎钩扎住,上面可以睡人度夜。

职员们的生活是何等艰苦啊!还有不少员工,他们的子女渐渐长大,必须与父母分床、分房而睡,但因房子窄小有限,只好叫子女打地铺。如何使员工摆脱困境,住得舒适一点呢?宋汉章思索良策,辗转反侧,如躺钉砖。

"哗啦啦……"一阵雨声打断了宋汉章的思路,突然间一个念头涌上了他的心头。对！就这样办，耗尽心血也要把这件事办成。他似乎下定决心，等不及东方发白便翻身起床，拿出纸、笔描绘草图，拟就了一份提议书和一份资金预算方案。

第二天下午，他召集并主持银行董事会议，明确地向董事们讲清了自己想建职工宿舍的计划，还宣读了拟就的提议书，展示了绘就的草图及资金预算方案。

宋汉章的话语轰动了整个会场，大家瞬时议论纷纷：有人说宋汉章眼光远大，魄力大；有人说此事有点冒进，不太可能成功；更有人直截了当地说建造职工宿舍、安置房，是件为职员解决住房问题的大好事，但不知资金从何而来；还有人说这事非同小可，是个既花钱又得花费精力的大工程，既要定点购地，又要招标建筑单位，还得精选工地管理人员，谁有这样的精力、恒心、毅力，自始至终为这件事呕心沥血呢？

众人一番议论后，宋汉章喝了一口茶，平和但坚定地说："非常感谢诸位畅所欲言，各抒己见。我经再三考虑，职工宿舍非建不可，还要建得非同凡响。各种各样的困难的确会迎面而来。古训道：事在人为，众志成城。我想，只要吾等意见一致，齐心协力，各种困难定能迎刃而解。至于资金嘛，我预算了一下，办成这件事约需白银3500两。上午我与相关人员接洽，目前银行尚有2500两银子可作为机动的周转资金，尚缺的1000两可动员有善心的爱心人士募捐，本人负责筹集200两白银。同时，恳切盼望诸君四处奔波，为办成此事筹募资金，出钱出力。若今日董事会上通过，这事就这么定下，千斤百担鄙人愿承担。"董事们被宋汉章这种一心为员工、办难事实事和无私奉献的精神深深地打动了。最后，以少数服从多数的原则，大家表决通过中国银行上海分行建造职工宿舍（住宅）的决定。

不到一年时间，一座地处上海万航渡路，占地面积46.17亩（合30780平方米），砖木结构单开间，联体式石库门七列六十幢的中国银行上海分行宿舍拔地而起，定名为"中行别业"。区域内大礼堂、员工子弟小学（中正小学）、供销社、图书馆、乒乓球场等文体活动场所及小吃部、杂货店、鞋服店、制衣坊、修理铺等设施一应齐全。没隔多久，56户员工家庭喜气洋洋迁入新居。

由于精打细算，财务监督制度严密，宿舍总造价花费白银3200两，比预算节约300两。

迁入新居后，冯吉传的儿子带着女朋友来到上海中马路中行三楼，二人双双跪谢宋汉章。宋汉章赶快扶起二人，说："不必如此，这是大家的功劳，更是吾之分内事。"

贰拾壹　被他小看，却为他说情

旧上海钱庄众多，但规模参差不齐。有一家永丰钱庄，开得不错，小有名气，每日人来人往，生意兴隆。

这一天，钱庄一个名叫李济民的门卫，一大早照例到岗。他仔细地观察，打量每一位进出人员的举止行动，还注意各人穿着打扮。这时，他见一个身穿淡蓝色罩袍，脚踏圆口布鞋，步行而来的中年汉子欲进钱庄大门，就将其拦住。

"喂！你找谁？有什么事？"

"我找钱庄田经理。"来人答。

"田经理？他……他不在，还没来。"

来人被拦在门口，只好转身而回。

过了没多久，那人又来到钱庄门口问李济民田经理来了没有。"没来。"李济民没好声地回答，自然又不让他进钱庄。

其实，钱庄老板田祈原早已在钱庄办事。正巧这时他将一位衣冠楚楚的客人从客厅送至钱庄大门口，他一见站在门口的那位来人,即与那位客人道别,快步走下台阶,笑脸相迎,谦逊地说:"宋先生,您怎么站在门口?大驾光临,鄙人未知,有失远迎,万望恕罪,快请庄内安坐。"

"这是何人?"李济民见老板对这个人如此殷勤,心中疑团阵阵,忙上前,低声对田经理说,"他如此模样,步行而来,我还以为是一个心存不轨的小市民来打扰您,便说您不在钱庄,拦住他两次了。""啊!你竟两次把他拦在门口?你呀!真是有眼不识泰山,你可知,他就是上海滩赫赫有名的宋汉章。"

一听来人就是宋汉章,李济民傻眼了,他万万未曾料到这位被自己小看,拦在门口的人就是中国银行上海分行的经理。他恨自己有眼无珠,得罪了大人物,连忙上前向宋汉章赔礼道歉作解释。而宋汉章呢,一点也没责怪他的意思,微笑着缓缓走向钱庄内室,与田经理共商上海金融界要事。

宋汉章早已把自己被永丰钱庄门卫小看,拦在门口的事忘却了,但永丰钱庄老板田经理还因这事有所介怀。宋汉章这样一个对自己钱庄兴隆发达具有重大影响的大人物竟被自家员工如此轻视,拦在门口,真是件不该发生的事。他担心宋汉章嘴上不说,但心里不快,钱庄会因此遭受麻烦。于是他决定辞退李济民,以示自己对宋汉章的敬仰、尊重。就这样,李济民被永丰钱庄辞退了,失去了工作,又无其他门路,没了工薪收入,全家生活无着,连儿子就读小学也困难,妻子怨言不断。李济民真是悔恨万分,深切地体会到"一失足成千古恨"这句话的含义。可惜世上没有后悔药。今后的日子怎么过呢?他左思右想,惶惶不安。

这天晚上,李济民又久久不能入睡。突然他想到了一个人。何人?宋汉章。他想到宋汉章那天被自己小看而拦在门口也没责怪自己,定是个和善大度的大好人。自己何不来个"解铃还须系铃人",去求这位活菩萨呢?

硬生生挨到天亮,李济民冒着大雨往自己的亲戚、老乡、朋友、昔日同事家四处奔波,还人挽人、人托人地打听宋汉章现居的住处。

功夫不负有心人,几经周折,他终于打听到了宋汉章现居的地址。于是,他不顾三七二十一,闯进了宋汉章的家,恳求宋汉章为他去田经理那里说情,让他重返永丰钱庄工作,以使他能养家糊口。令李济民始料未及的是,宋汉章听完自己的诉求后,认真地说:"那天的事,我早已抛至九霄云外。其实你并无什么大错。明天,我就去永丰钱庄,找田经理把那天的事解释清楚。"

没过几天,李济民就被永丰钱庄召回,重返岗位,深知内情的他喜出望外,被宋汉章的品行感动得泪流满面。日后,他逢人便说:"宋汉章的恩情我世代不忘。"

贰拾贰　约法三章当会长

一纸薄薄的邀请函,此时在宋汉章手里重若千斤。他放不下,拿不起,是遵函出任还是致函回绝?经反复考虑,他最终决定:致函回绝。回绝函上,他诚恳地写明推辞原因:"上海总商会为商务之枢纽且为各省埠之冠,其事务繁复,不言而喻。须有精力旺盛、专心一致、德高望重者常川主持其事。汉章年已半百,才识不及且银行事务缠身,片刻不能相离,实在无暇兼顾商会大事。如敷衍就职,不如直言相告,推辞为宜,务请贵会另行推选贤能主持会务。"

宋汉章不肯出任上海总商会会长的这封辞函,使上海总商会一众会董陷入迷茫和不解。上海总商会会长这个职位,多少人朝思暮想,求之不得。有人还为此四处奔波托情、行贿拉票。宋汉章却为何多次推辞呢?这里有何缘故呢?宋汉章不肯出任,那请谁来当会长呢?

带着一个个问号,商会决定召开会董特别会议来商议此事。会董会上,会董们纷纷发言,争论颇为激烈。有人认为宋汉章当上海总商会会长是众人所望，非他莫属。当然也有人提出异议，指说宋汉章多次推辞，明明是太过傲慢，商会该重新选举确立会长。

闻兰亭、叶惠钧等人强调："宋汉章德高望重，完全有才能胜任商会会长，之所以几番推辞，其中定然另有隐情。重新召开会长选举大会，可能引起意想不到的是非，实属多此一举。花这个精力倒不如吾辈再向汉章先生和盘托出，详述内心诚意，使他打消心中疙瘩，抛弃以往恩怨，同意出任会长。""宋汉章在辞函中语气坚定，态度坚决，吾辈再诚恳，再劝说，恐怕也无济于事，总不能将人左右吧！"朱葆三说。"吾辈可用真诚来将他感化嘛！"有人说了这么一句话。一石激起千层浪，瞬时，会场上更显热闹。会董们纷纷发言，讨论用什么办法来感化宋汉章，使其出任商会会长，最后议决：上门劝驾。

会议最后，公推闻兰亭、朱吟江、孙衡甫、叶惠钧四人为会董代表，至宋汉章之寓所，拜会宋汉章并恳请他以大局为重，出任上海总商会会长。

此情此景使一向低调且敬业的宋汉章大为感动，要是自己再推辞，未免有些太不近人情，不识抬举了。于是他在心中犹豫不决，会董代表们也似乎看透了宋汉章的心思，便趁热打铁，进一步劝说、恳求。最后实在没法推辞，宋汉章表示打消辞意，同意就任会长，但提出约法三章。会董代表见宋汉章松了口，求之不得，异口同声地让宋汉章直言相告约法哪三章。

宋汉章啜了一口茶，和善却又认真地从口中吐出三章：一是出任会长,按先前制定的相关条例、规章办事,任期两年;二是银行是他的第一事业,主要精力还得放在银行事务上,不可能天天到总商会上班,商会工作,只尽义务,不取分文报酬;三是商会之会务、财务每两月公布一次,接受社会监督。会董代表们听后连连点头认可。

对此,1922年7月的一期《申报》不但报道了这则消息,还特发杂评,公开为之叫好。

贰拾叁　一条大黄鱼

　　当,当,当……挂在壁上的一口时辰钟已敲过九下,告诉人们夜已深了,可以上床安睡了。这家的主人宋汉章坐在一把木头椅上,似乎还没有睡意。他态度严肃,语气认真地在与一个女人谈话。这女人只有二十几岁,名叫卢调珠,祖籍在浙江余姚县城西北方向十余里一个叫潘巷的小村庄。十七岁那年,她嫁到潘巷南边的廊厦村。因家庭经济困难,难以温饱,她便到上海做保姆谋生,后又经人介绍,到同是浒塘廊厦人的宋汉章家里当杂勤人员。卢调珠手脚勤快,善解人意,办事干练,说话和善,适应能力强,很受宋汉章女儿——宋曼卿的赏识,又由于两人年龄相差不大,故常在一起说笑玩闹,同进同出,亲密无间。平时,宋汉章对这个卢调珠也还看得入眼,即使她办事偶尔有些差错,也总睁只眼闭只眼。今日,宋汉章却一本正经地把卢调珠叫至客厅,严肃地批评她不该如此大手大脚,花这么多的钱买来一条这么贵的大黄鱼。身为中国银行上海分行经理的宋汉章,虽在赈灾、济国、公益等事业上毫不小气,尽力相助,但在对待家人和自身生活上并不大方，反而显得非常节俭。家里的伙食费非常紧缩，吃食以萝卜、白菜等素食为主，即使配点荤的，也多是买些次货，从不大鱼大肉，更不要说山珍海味了。

前两天，喜爱吃鱼的宋曼卿，眼见已是端午时节，就对卢调珠明言，自己想尝尝大黄鱼的味道。端午时节，弄条大黄鱼吃吃，不算过分，寻常家庭也会在过节时吃得稍好些，何况是中国银行上海分行经理的女儿。于是卢调珠答应曼卿的要求，在菜市场里买了条价格较贵的大黄鱼，以解曼卿吃鱼之馋。一条大黄鱼，一件小事情，谁知宋汉章"小题大做"，当他弄清楚这条黄鱼是卢调珠买来的，就有意要把她狠狠批评一顿。

面对宋汉章严厉的批评，卢调珠心里好生委屈，她不敢争辩，只是解释道："平日家里的小菜也真的是蹩脚，端午时节，三小姐（宋曼卿上面分别已有杏村、美扬两个哥哥，卢调珠尊称曼卿为三小姐）想吃条黄鱼，我想想也不算过分，我就买了一条……"

"三小姐！三小姐！就是你们这帮人把她宠坏了。我们家没有老爷，没有太太，没有少爷，也没有小姐。今后不许称她为三小姐，否则……"宋汉章还想说什么，客厅里突然闯进一个人。啥人？宋曼卿。今晚，她见父亲表情严肃，把卢调珠叫至客厅，就清楚其中定然有内情，于是暗自跟踪，在客厅门边偷听。此时，她不管三七二十一冲至宋汉章跟前，接过宋汉章的话头，上前相问："否则，你要怎么样？黄鱼是我让调珠姐买的，你为啥找她出气、算账呢？我想吃条黄鱼，至于这样大动肝火吗？"

看着女儿这副模样，宋汉章深感痛心，怪自己平时忙于行务，缺少对子女有关节俭方面的教育，他想狠狠地把曼卿训斥一顿，但还是冷静了下来，心平气和地说："吃条黄鱼确非什么大事，紧要的是，一个人，无论什么时候，在何种环境条件下，都不能遗忘了祖辈节俭、务实的教训。"宋汉章喝了一口茶，接着说："曼卿、调珠，你们可知道，由于世道纷乱，还有多少人吃不饱饭、穿不暖衣？又有多少人为了使千千万万的同胞有饭吃、有衣穿而在四方奔波，举力苦战却遭到无情的打击、迫害甚至杀害？你们可曾闻知，眼下上海是到处张贴着通缉进步人士的布告呢？你们俩年纪轻轻，终日宅在家里，不知做人的根本，不知天高地厚。要明白，天上翻跟斗，跌下来要着地的道理啊！"

宋汉章的话，使曼卿、调珠二人无话可说，只是张大了四只眼睛，直愣愣地一眨也不眨，似乎颇有感触。宋汉章因势利导，接着说："不说远的，就说眼前的。调珠，你年轻又会做事，却不能在浒塘廊厦与亲人一起生活，孤身一人来到上海，虽与曼卿说得投机合得来，但终非骨肉之情吧。每当夜深人静，你心里也总会有一种说不出的滋味和感觉吧！那又是为了什么呢？说穿了，只因家里生活困难，难以温饱，无可奈何啊！你俩再看看我脚上这双皮鞋……"这时，宋汉章把右脚一伸，曼卿、调珠清楚地看到，他脚上的皮鞋尖已被磨破，露出了夹里。"唉！要换双新皮鞋对我来说易如反掌，但我认为，为时还早。每双鞋子，迟点时间换，几年下来，不是节约下一双鞋子的钱吗？积少成多，滴水成海啊！到时这些节省下来的钱就可派利国利民的大用场了啊!"

　　宋汉章语重心长的一番话和脚上的一双破皮鞋让人陷入沉思。曼卿猛地转过身,对着宋汉章懂事地说:"爸,你不用多说了,我懂得你这话的意思了。今后,我再也不会叫调珠姐去买大黄鱼给我吃了。""你就是叫我去买,我也不会去买了。"卢调珠意味深长地接过曼卿的话,认认真真地说。

贰拾肆　坐索钱财的"贵客"

1927年的一天下午,上海滩低云笼罩,天空灰暗。宋汉章放弃午休,来到中国银行上海分行大楼经理办公室上班办事。他专心致志地翻阅着近几天银行的收支日报表。突然,一名保镖推门而入,禀报宋汉章,有位客人求见,并呈上来者的名片。看罢名片,宋汉章心头不由一愣,这客人来头不小,是总司令部军需处处长俞飞鹏。宋汉章暗自思虑:我与他素无交往,今日他来行里做什么? 恐怕不是什么好事。但远道而来的"贵客",怎能拒客?

宋汉章强作笑容,恭迎来客。坐下吸过几口香烟后,俞飞鹏即开言道:"宋先生为国为民,苦心经营沪行,敬仰已久。今日冒昧登门,实属打扰,万望见谅。"

宋汉章回敬道:"俞处长百忙之中,抽身亲临鄙行,实乃我行之荣幸,谨盼多作指导。请问俞处长,是路过,还是专程到此?"俞飞鹏倒也直爽,开门见山地说:"鄙人今日是特地到此,诚心与宋先生面洽,企盼解你与蒋总司令之间的误会。"说毕,俞飞鹏从公文包中掏出一份蒋介石亲书的密令，上面白纸黑字，写得清清楚楚，要宋汉章见此函即付给俞飞鹏现洋500万元。

此时宋汉章明白了，是蒋介石的借款"涨价"了。原来蒋介石曾以北伐军总司令部军需处名义向中国银行借款100万元。而在更早前，中行总管理处曾有密信给汉口分行，允许蒋介石到汉口时提取100万元，但蒋介石后未经过汉口，也就未提取这100万元。后北伐军于3月份抵达上海，蒋介石命人向中行上海分行提款。宋汉章不知详情，也未得中行总管理处命令，只是按例要求其提供担保，否则不予借款，此举惹怒了蒋介石。

宋汉章有礼有节地对俞飞鹏说道："汉章是个商人，一向奉行在商言商的宗旨。蒋总司令是位统率革命的总司令，我一个商人怎敢高攀总司令？俞处长所言之误会，汉章认为并不存在，也不可能存在。中国有句老话，叫国有国法，家有家规，无法可依，无规可循，就办不了事情，就难以治国、治家。借款须提供担保，这是中国银行上海分行的行规，依行规办事才能使沪行在飘摇的风雨中存活下来，维持住现状。由于汉口银行非属上海分行管辖，故此事其他内情汉章实在不知。鄙人按常规索要担保物品，算不上不明大义、不济急需、叛逆作梗吧？"

宋汉章字字句句有理有据，使俞飞鹏这个经历丰富、善使两面三刀的"贵客"自觉无话反驳，他只得改换"抢法"，装出一副同情、关心宋汉章的样子，为宋汉章深感不平的模样，劝说宋汉章：如今世道纷乱，好些东西、好些事黑白颠倒，真假难分，吾辈做人莫须斤斤计较、件件认真，该是识时务者为俊杰也。宋汉章担心、惶恐的事终于变成了眼前的事实，好生为难，犹豫不决。不付，恐吃罪不起，眼前这名"贵客"是蒋介石亲自派来的，且持有密令。个人安危倒在其次，唯恐银行自此之后难以支撑，最终落得个崩溃的下场。付，自己制定的规章竟由自己破坏，在行员面前如何解释？以后还怎么要求别人按章办事？百般无奈之下，宋汉章拨通了张嘉璈的电话，请张速来银行，有要事相商。

张嘉璈接到宋汉章电话，即驱车赶至银行。待张嘉璈与俞飞鹏见过面，寒暄一番后，宋汉章随即将早先未允蒋介石的借款，致使俞飞鹏今日又来行借款之事如实向张嘉璈诉说。张嘉璈与宋汉章个性不同，他处事较圆通，除金融界外，与社会各界人士均有交往，还擅长参加各种社会、政治活动。他觉得今日俞飞鹏奉令索钱事关沪行的生死存亡，必须谨慎小心、忍让忍耐。他劝慰宋汉章该糊涂时还得糊涂，两面逢源才好做人，千万不可自己让自己为难，今日先付100万给俞飞鹏为妥。

俞飞鹏听了张嘉璈的评说，连连夸奖张会做人、会办事，并急着要宋汉章下令付款给自己。谁知宋汉章还是"一犁耕到头"，坚持主张借款可以，但须有担保物品。宋汉章的言行，逼急了俞飞鹏，他噌地一下站起身，大声道："既然宋经理一意孤行，鄙人也不得不告知，蒋总司令命鄙人到沪后急速与宋汉章面洽，如宋不从，便在沪行经理办公室坐索，钱不到手，不得离开。"俞飞鹏摊底牌，耍无赖，张嘉璈非常吃惊，他将宋汉章拉至外间，一边再次劝说宋汉章政治旋涡不可避免，再有委屈也只能自认倒霉，一边命人开具一张100万元的支票，交付给坐索的"贵客"俞飞鹏才将此事平息。

宋汉章眼睁睁地看着俞飞鹏轻轻松松地提走沪行的100万元，心痛如绞。他还做了最后的努力，但有何用呢？他百思不得其解，一个由蒋总司令派遣而来的"贵客"，竟然会坐索钱财。

贰拾伍　新婚贺联

1927年，蒋介石与宋美龄在婚礼前夕，为撑场面和借机敛财，向上海一些有头面、有钱财的名人分发了许多婚宴请柬。时为中国银行上海分行经理的宋汉章自然也名列其中。蒋介石还另有图谋地叮嘱给宋汉章送请柬的专员，不但要请到宋汉章夫妇来赴婚宴，最好还要有宋汉章亲书的贺联一副。

宋汉章看过送来的婚宴请柬，听完蒋介石派遣来之专员的言语，心头思绪万千。堂堂总司令在上海结婚，邀请居住在上海的自己赶赴婚宴，岂能拒绝？若不接受邀请，于情于理都说不过去，肯定要被人说闲话。何况，婚宴一旦散席，犹如风儿吹过，无踪无迹。故宋汉章向来人表示接受邀请，届时准时出席。至于书写贺婚喜联，宋汉章实在没这个想法，最本质的原因是，他根本不想与蒋介石发生任何感情、礼仪上的往来。贺联一旦书就、奉送，就会留下痕迹、落下把柄。日后，相互之间若发生一些纠葛，就有口难辩、有理难争。宋汉章以"鄙人文采蹩脚，不精通书法"为由而回绝。蒋介石心头明白，宋汉章不肯书写贺联的真正原因是不愿与自己交往，虽心感不悦，但又无责难他的任何理由，只得作罢。

几年后，宋汉章有位就职于上海华商电器公司的家乡族弟宋云初，在上海与金秋姑女士结婚。宋汉章闻讯非常高兴，挥毫展纸亲笔书写婚联一副，表示热烈祝贺。这副婚联的上联是"于佑多才，诗题红叶"，下联是"裴航有福，仙遇蓝桥"。婚联的上、下联字句均出自古典，足以证明宋汉章不但是位金融家，而且精通古典文学。书就的婚联笔力矫健浑厚，气势壮阔。宋云初夫妇爱不释手，如获至宝。

宋汉章为一个族弟、一个电器公司员工书写婚联祝贺而不为蒋介石夫妇写婚联恭贺的事在上海滩传开后，许多人赞颂宋汉章是一个真正有骨气的人，可算得上是个男子汉、大丈夫，一个正直无虚的人。当然也有人说宋汉章不会做人，失去了讨好、巴结蒋介石的良机，错贺了婚联，不思进取。

宋汉章不为蒋介石送婚联祝贺，却为族弟宋云初亲自书写婚联之事传到宋汉章的家乡，乡亲们纷纷夸奖宋汉章有骨气、有正气、有志气、有义气、有勇气。有人还编了一首顺口溜："蒋介石图谋把柄落了空，宋汉章'错'贺婚联含义深。二纸请柬天地别，一副婚联显真情。"

直到如今，宋云初的儿子还把当年宋汉章亲笔书就的这副婚联当作珍宝收藏着。

贰拾陆　不讲情面的娘舅

这一天，宋汉章收到十九封来自各地、内容不一的信件。他把每一封信亲自细读后，分类、分档。有的叫下属人员着手回复，有的则根据信中内容转寄给相关部门处理。其中有一封信，宋汉章握在手中如有千斤重，让他思潮翻滚。这封信是宋汉章胞姐给他的亲笔信，信的中心内容是要宋汉章给她的独生子福增找一份理想的工作。信中还提及宋汉章在上海金融界位高权重，人脉关系极广，由他一手策划、中国银行投资的中国第一家保险公司在上海刚刚创办，公司内定有许多既体面又轻松，俸薪还高的职位虚位以待，暗示其给嫡亲外甥安排个职位，认为这事合乎情理，且对宋汉章来说易如反掌，只是举手之劳，故要宋汉章务必尽心。

宋汉章胞姐信中之语虽显示出为儿谋利之私心，但确实没说错。按宋汉章当时在上海的威望、权力、人脉，为自己的外甥安排个理想的职位是件很简单的事，旁人也不会有任何异议。但宋汉章没有立马答应胞姐的要求，因为他素来讨厌不肯吃苦，没有事业心、责任心，办事懒散不勤勉的人，又知外甥福增从前恰巧属于这种人，故此时的宋汉章，表情凝重，内心矛盾重重。

思之良久，宋汉章决定亲笔给胞姐写封回信，信中他不仅数落了外甥福增往日的"不是"，还十分严肃地提出了如来就职必须做到的四项条件。四项条件他写得十分清楚且苛刻：

一、首先福增甥愿来做事，过往之性情需要大大改革，能改除则可，尚不能改除，则毋须来得。

二、做事吃苦耐劳，不畏难，不后退则可，否则毋须来得。

三、懒是商家最恶，要无懒气，能勤劳做事则可，否则毋须来得。

四、逢事都要有责任心，尤须能听从人家言语，事事步步能谨慎则可，否则毋须来得。

最后，他还写道："以上四端，希吾姐告福增，如能照行，则可来沪。且吾姐严加嘱咐为要，如来，务必中秋节前到沪。"

宋汉章的姐姐读完信，心中有一种说不出的滋味。外甥福增则说宋汉章是个不讲情面的舅舅。

从一封家书中，宋汉章的廉洁自律与处事之严谨倒可见一斑。

贰拾柒 火腿当柴烧饭吃

"陆师母,宋汉章家火腿当柴烧饭吃的事,你听说了吗?""听说了,孙阿姨,这件事情好像已传得满城风雨了。""唉!这真是人心难托,鸭肫难剥。宋汉章,在上海滩名声多好,老百姓对伊是多少相信,多少尊敬,想勿到也这般无结煞,这般腐朽,竟然用火腿当柴烧饭吃!"

1933年秋季,上海黄浦江畔有许多人像陆师母、孙阿姨一样,谈论着宋汉章平时所展现的清廉、淳朴并非真实。他收受的别人送给他的礼物(特别是火腿)多得不得了。为遮人耳目、销毁赃物,竟把火腿当柴烧饭吃。此事还是宋家自己家里人亲眼所见,点滴不错。

没多久,这些风言风语传到了宋汉章家的女杂勤卢调珠的耳朵里,她大为不安,深感愧歉,觉得对不起待她不薄的宋家主人。因为这件事对她来说,她是当事人。

事情的原委是这样的:立夏时,宋汉章女儿曼卿知道卢调珠乡下的一个亲戚已快临产,而她还未奉送"产妇礼",心感焦虑,就禀告父亲宋汉章并征得其同意,将挂在家中堂后的一只火腿送给卢调珠,让她拿去作"产妇礼",送给那位快要临产的产妇。这只火腿是两年前宋夫人五十大寿时,一位朋友送来的。宋汉章夫妇一直不舍得吃,说有朝一日可派作大用场,便一直珍藏挂在堂后。卢调珠取下火腿,打开纸包一看,火腿已发花发霉,用舌尝味,味道已经发麻。自小聪慧、足智乖巧的卢调珠,此时忽地想出一个改造这只火腿的妙计:用火烘烤火腿,也许能去霉、除花,减轻麻味。一日,她在烧饭时,便把火腿像柴一样塞进灶膛,意图让火腿经受烈火的烘烤而改变内质。

就在卢调珠将火腿进行烘烤时,厨房中突然闪进一个男人。此人体强力壮,四十开外,是宋汉章家的一名保镖。他见卢调珠有几分姿色,早想调戏她,只是一直没有机会。今日他见厨房内并无旁人,就色胆包天地悄悄走近灶膛,弯下身子,欲对卢调珠行不轨之事。卢调珠正坐在烧火凳上用火叉翻动灶膛内的火腿,忽觉身后有人,不由大吃一惊。那保镖不知羞耻地脸带笑容,口吐调情之语。卢调珠严正拒绝,要他立即离开厨房,否则她就开口叫人。那保镖自讨没趣,心感不悦,亦生报复之念,正好瞧见灶膛内的火腿,不知内情的他,联想起自己多次要求宋汉章增加俸薪却均遭拒绝,便想出一条一箭射双雕的恶计:他要到外面到处宣传宋汉章家生活腐朽,收受人家送来的火腿,多得没法处理,只好当柴烧饭吃,一为泄宋不肯加薪之恨,二为诬陷卢调珠替主销赃。

卢调珠没把保镖调戏自己之事声张开来,那保镖倒四处扬言:

宋汉章买通烧饭嬷嬷替他销赃,把火腿当柴烧饭吃,自己亲眼瞧见的,点滴不错。一传十,十传百,一时成为上海滩的一条特大新闻。

听到传闻的卢调珠痛定思痛,后悔莫及,这真是"人无害虎心,虎有伤人意"。她毅然决定,先找三小姐曼卿商量,然后如实告知宋汉章,并向宋汉章当面认错道歉。她还表示,自己愿出面作证澄清这条谣言。

宋汉章听完卢调珠和女儿曼卿的诉说,只是平和地说:"常言道,世事莫测,人心难料。人各有志,不可勉强。但有一句话,千真万确,事实总是事实。火腿一事,横说直说,任人评说,有何要紧?过些时候,定会水落石出,真相大白。此事你并无过错,何须向我认错道歉。至于那个保镖,我盼他尚有自知之明,知错即改。"

贰拾捌　横生出来的巴掌

宋汉章送走一批客人,刚想去料理一些事务,电话又响起……

"喂,是哪位?"电话那头是中国保险公司的副经理陈伯源,说有要事相商,问宋汉章是不是还在保险公司办公室,如在,他立即赶过来,有要事相告。

放下电话筒,宋汉章的心又绷得紧紧的,不知又发生了什么大事。十几分钟后,陈伯源跨进办公室,人未坐下,就要宋汉章赶快去找一家报社,登报申明,澄清事实,肃清那些别有用心之人的污蔑。

陈伯源平时为人正直,办事谨慎稳重,并非脾气火暴之人,这天却为何显得有些急躁、冲动呢?说到底,还在那个火险理赔事件上。

1933年3月,参加保险的汉口申新纺织四厂失火,大火几乎烧光整个厂的财物,经评估核实,经济损失达200万元。而宋汉章谋划、发起的,由中国银行投资,刚创立不久的中国首家保险机构——中国保险公司实收资本也还只有250万元。如按参险时的契约合同赔偿纺织厂的全部火灾损失,将耗尽保险公司全部资本的十之八九，这可谓是个毁灭性的打击，保险公司可能会因此而难以存活。怎么办？如何处置这场火灾的理赔事宜呢？不少人认为保险公司不会全额赔偿，并为保险公司担忧，为宋汉章发愁。

面对这一重大事件，宋汉章真的几夜未曾睡好，忧思过度还导致耳疾加重，听力再次下降。但他尽力使自己镇静下来，他认为信用比生命还珍贵，于是力排异议果断决定，按契约合同条款执行，全额赔偿汉口申新纺织四厂的火灾损失200万元。消息传出，整个上海都被震惊。宋汉章如此恪守信用，拥有如此胆魄，使人们对其更信服、尊敬。一时之间好评如潮，大家都称宋汉章是个真君子。让人不理解的是，这样一件大好事竟还有人心生不轨，暗中作梗，放出流言蜚语，说宋汉章并非所谓的恪守信用、清廉办事之人，他的做法只是想蒙蔽一些不知内情、不明真相的人士。理由是汉口申新纺织四厂的老板（董事长）是宋汉章次子——宋美扬的岳父，如没这层关系，宋汉章是万万不会按契约足额赔偿的。如今赔来赔去，都是他们一家人的钱。也许，火灾后他们就串通一气，另变戏法，所谓足额赔偿，不过只是图个名气。好事难出门，坏事遍地传。此番诋毁污蔑宋汉章的言语竟也一传十、十传百地在上海传开。一些别有用心的人还添油加醋，说得神乎其神，使不少人对宋汉章产生了怀疑，辨不清其中的真真假假。

深知内情的保险公司副经理陈伯源闻此污言，气愤难平，他为宋汉章遭受如此侮辱深感不平，故急匆匆赶来要宋汉章采取必要手段，自卫还击，还诚恳地对宋汉章说："你切莫过于大度、善良，有句老话叫马善被人骑,人善被人欺啊!"

听完陈伯源的叙说,宋汉章自然也有些生气,但他很快冷静了下来。"陈经理,你我还是喝茶,以茶解气!"他低声说,"世上总是有人喜欢没事生事,因为不生事,他们就会没事去做。这样看问题,我们就不会生气。申新四厂理赔这件事上,可能是有人错把一鳞半爪当作了全貌。我次子美扬的妻子荣敏仁是工商界名人荣德生之女,亲翁荣德生只是汉口申新纺织四厂的股东之一。董事会董事长(老板)是荣宗敬,而非荣德生。荣宗敬、荣德生只是同姓而已,不是同一个人。"说到这里,宋汉章呷了一口茶,陈伯源也举杯喝茶,不禁脱口而出:"噢!原来有人将一支红蜡烛看成红萝卜,真混蛋!"

见陈伯源还怒气难消,宋汉章又劝慰他:"一些流言蜚语犯不着去计较。历史自有公理,人们自有公断。这些污话在一定程度上倒提醒我们:船到中流浪更急,人到半山坡更陡。有时候拳头里可能也会伸出巴掌来,我们必须谨慎应对。做事办事,我们不得不认真、守信,秉公无私。"

宋汉章的言行使陈伯源佩服得五体投地。日后,他在众多场合经常说这样几句话:在拳头里伸出巴掌的时候,就要学会谨慎应对,去稳住它,征服它。他还说能遇见宋汉章先生是自己前世修来的福气,是人生中最大的幸运。

贰拾玖　辞职背后的隐情

这天上午,宋汉章刚到办公室,保险公司经理过福云便紧随而入。"过经理,请坐,有啥事,尽管说。"宋汉章十分客气。过福云也非常爽快,坐下就说他要辞职。公司经理要辞职,宋汉章自然要询问一番。

在保险公司刚创办时,宋汉章聘请了原在上海怡和洋行保险部任买办的过福云为中国保险公司首任经理。他为人直爽,心直口快,虽脾气有些急躁,看重福利待遇,但孝顺父母,对家庭负责。近两年来,他工作踏实,敢说敢做,对公司也算尽心尽职。宋汉章一直视他是个人才。可他今天的态度令宋汉章有些失望,他竟然提出辞职。宋汉章料想,这辞职背后肯定有什么隐情。

"过经理,请问你为什么要辞职?"宋汉章单刀直入。过福云快言快语,直接回答:"公司面临的困难实在太多、太大,出人意料。本人对公司的前途深感迷茫,弄不好恐怕工资也难领到,届时一家老少生活无着,故只得尽快辞职,另谋生路。"接着过福云又一针见血地说:"宋董在保险公司全是尽义务,不取分文报酬,但中国银行内每月有固定俸薪,不愁养家糊口。可鄙人去哪里领钱,用什么来养家糊口?故不得不提出辞职。"

过福云的话,虽没直接点明他提出辞职的背后隐情,且有点过激,但宋汉章已从中猜到过福云提出辞职的原因应与前些天的汉口申新纺织四厂理赔事件有关。只见他眼珠一转,以极平和的语气对过福云说:"让我考虑考虑,此事请给我三天时间。到时,我给你答复。"

三天后,过福云接到宋汉章的电话,请他到上海仁记路某一饭馆,共进晚餐。过福云如约来到那家饭馆,宋汉章早已等在那里。

不一会儿,又有七人陆陆续续来到,九人同坐一桌。过福云自然不知宋汉章葫芦里卖的是什么药,也不知自己的辞职宋汉章会怎样批复。同桌几个人他大都相识,是中国保险公司副经理陈伯源及下属分公司如太阳保险公司、人寿保险公司的负责人罗兆辰、须维周等人,以及总公司另两名骨干人员。少顷,堂倌送上酒菜。宋汉章起身举起酒杯,一一敬酒、碰杯,祝大家安康吉祥,并提议为中国保险公司顺利渡过难关、砥砺奋进而干杯。在座者均热情高涨,一饮而尽。接着宋汉章就上阶段汉口申新纺织四厂发生火灾,自己未一一征求各位意见就果断决定按参保契约全额理赔之事致歉并作当面检讨。同时他又请各位借饭局畅所欲言,再一次谈谈就此次火灾事故全额理赔之事的观点、看法。瞬时众说云云。

保险公司下属分公司太阳保险公司的负责人为压住他人话语,

便站起身来大声说:"在这失信与守信的大是大非面前,宋董做出全额理赔的决定,我认为完全正确。这个决定可谓出人意料,但也深得人心,大长了中国保险公司的志气,展现了我们的诚信,不但是中国人,就连外国人也刮目相看,深表敬佩。太阳保险深信,中国保险公司有宋董这样的带路人一定会有灿烂的明天。我司保证遵守与总公司签订的契约,不但承担原本应该赔付的款额,还将调动一切力量筹集资金,无息支持总司,一起共渡难关,走向辉煌。"太阳保险负责人慷慨激昂的发言,可谓是一石激起千层浪,使在席人员的心头都热乎乎的,看到了希望。其他几个分公司的负责人也纷纷表示,对总公司做出的全额理赔的决定坚决拥护,该他们承担的赔款一定尽快足额汇给总司,使总司尽早恢复元气,进行正常吸储吸险工作。

被宋汉章聘任为中国保险公司副经理,主管人事、总务的陈伯源此时也对保险事业的未来充满希望,一字一句地说:"鄙人曾驻上海南通大生纱厂多年,对纱厂情况比较熟悉。申新四厂遭受火灾后,宋董即派我前往汉口现场调查灾情。他们的情形确符参险单位之理赔条件,全额理赔理所当然。吾辈应进一步深刻理解宋先生所说的'失去金钱,可设法去赚回;失去信用,恐怕无法挽回'之含义。"

饭局上,众人越谈越兴奋,对全额理赔申新纺织四厂火灾款之事的看法越来越一致,对保险公司的未来也信心十足。

宋汉章因势利导,再一次举杯向在席人员敬酒,并一语双关地说:"吾辈能相聚在同一机构成为同人是一种缘分,希各自珍惜,盼众位同心同德、风雨共舟,眼前的困难定能渡过,保险事业定将大放光彩。"宋汉章话音刚落,掌声便响起来,这似乎预示中国保险事业定能从零走向全国,走向世界,取得辉煌。掌声也使已向宋汉章口头提过辞职的公司经理过福云深受震撼,有这么多人对宋汉章如此尊敬、信任,一个个愿意共挑重担,出力出钱,这是他始料未及的,他后悔自己不该鼠目寸光,不该提及辞职。然而他不知,在他提出辞职后的三天里,宋汉章费尽心机,东奔西忙,日夜马不停蹄,逐个上门动员、说服,才用真情换来了众人的理解、信任、支持。

第二天,过福云即向宋汉章致歉,要求收回口头提出的辞职报告,同时表示今后一定要在保险事业上有所作为,不辜负宋汉章对自己的期望;并道明他提出辞职的背后隐情就是怕全额理赔申新纺织四厂火灾款后,保险公司资金无法周转,导致难以生存而倒闭。昨晚的事实,使他明辨了是非,认清了方向,彻底打消了要辞职的念头。

叁拾 中 计

大清早，宋汉章用筷子戳住从附近点心摊买来的两根油条，急匆匆地往家走，心想，到家吃好油条，早点去料理一些事务。没想到一到家，客厅里坐着许多人，除了妻子史氏、儿子杏村、女儿曼卿，还有一个面熟的陌生人。见他回来，杏村起身说："这位是你上次住院治疗那家医院的徐副院长，你应该认识吧！"杏村话毕，那位客人也站起，很有礼貌地说："宋先生，鄙人冒昧登门，望勿见怪！""噢！我想起来了，徐副院长！徐副院长好！"宋汉章赶忙上前握住了徐副院长的手。"爸，徐副院长对你的病情很关心重视，见你迟迟未去医院复查，他便上门请你来了。""噢，徐副院长真不愧是白衣天使，竟亲临寒舍，催我就医。无奈近日汉章真的事务缠身，去院复查之事只得改日再议。""宋先生，身体乃是百事之本，人人皆知。再忙也不能置身体于不顾吧！昨日，我又再次查看了你留在医院的病历、光影放射片等资料，你这骨伤必须去医院复查、复诊，以免后患。"徐副院长态度严肃，语气沉重。"爸，医生找上门来了，你可不能再找任何理由了。车子,我已叫好,咱们马上去医院。"

说时迟,那时快,宋汉章还未回过神来,妻子、儿子、女儿加上徐副院长已连推带拉把宋汉章"挟"上车子,弄得宋汉章没法逃遁,只得将两根油条草草吞下,被他们"挟"至医院。

经相关仪器检查和专家医生的再次诊断,宋汉章背脊上两根折裂的支骨经前段时期住院治疗虽大有好转,但还存折裂痕迹,有复发可能,必须进一步固定位置、用药、服药。这对宋汉章来说,又是一突发事件,他内心实在不愿再住院治疗,怕耽误工作。但已被推进医院大门,可就由不得他了。医生告诉他:必须静下心来,安心养伤。并言明,对病人来说,医院在一定程度上是个进门容易出门难的地方。

中国银行上海分行经理又一次住院养伤,自然有许多有名望的人来院探望。入院后的第四天,宋汉章侄子宋梧生也来院看望。宋汉章想到侄子梧生与徐副院长有一面之交,就心生一计,要侄子梧生去徐副院长那儿替自己说情,让自己早点出院。梧生笑着点头答应。宋汉章见状,心头充满希望,顿时舒适不少。转眼想到,自己也该随侄儿同去,见机行事。如徐副院长已被侄儿说通,自己就不必露面;如徐副院长犹豫不决,自己就入内插话,来个推波助澜。于是宋汉章放轻脚步,来至徐副院长办公室门口。

岂料,室内侄儿梧生与徐副院长的谈话使他哭笑不得,心中直呼:中计、中计,我中了他们设置的连环之计。

梧生和徐副院长在说什么呢?原来,今年初夏,宋汉章担任会长的上海华洋义赈会在对河北、陕西、安徽等灾区拨款、救灾义赈后，又决定帮助灾区兴修水利，以图减少当地百姓受水灾侵袭之苦。义赈会专门贷借款项对陕西省泾惠渠北二、北五两大支渠开筑石坝，为确保工程质量，宋汉章亲临筑坝工程现场监察。一天下午，他不慎脚滑，摔了一跤，随从人员扶起后，他连说没事，强撑着直至监察完毕。下午赶回上海，第二天，他感觉腰、背部疼痛异常，晚上躺下后身子竟不能转动，一转动就疼痛钻心，更不要说起身站立。在家人一再追问下，他才道明前一天摔跤的事情。儿子杏村连夜将他送至医院。放射影片显示：背脊上两根支骨骨折，多处骨裂。

经住院治疗，宋汉章疼痛缓和，生活勉强能够自理。七天后，宋汉章以各种理由，吵着要出院，医生拗不过他，只好许可他暂时离院，但明确告诉他三件事必须做到：一、不得剧烈运动；二、按时、按量服药；三、七天后来医院复查。三件事，前两件宋汉章确实照办，但第三件，他就抛置脑后，迟迟未去医院复查。也因这第三件事，杏村与他闹得面红耳赤。

一次，杏村故意提高嗓门说："有病必须就医，你一定要去复查，你才六十几岁，总不能一不小心成为一个残疾人吧！"当然，宋汉章也不甘示弱，大声说："你们一个个就知道要我去医院复查复查，可知道上医院复查会引出多少麻烦吗？事务要荒废，还得花费许多钱，上次在医院只住了七天时间，什么化验费、诊断费、住院费、护工费、药品费等，总共花了六千多元钱，这六千多元能使多少个受灾地区的百姓起死回生，恢复正常生产、生活啊！如我去医院复查，可能又会搞出许多名堂,又要花去一大笔钱。唉,这冤枉钱,我不愿花。这伤痛,它自己慢慢会好的。"

听完父亲的话,杏村才悟出一个理:父亲迟迟不肯去医院复查,除了其他原因,还有一个重大因素是他舍不得花钱。说他舍不得花钱,好像又违背了父亲的行事,在帮别人渡难关,特别是支灾、救灾等事宜上,父亲是多么大方慷慨,舍得花钱啊!于是他找来很多份(期)报道父亲出钱出物、支灾赈灾的报刊,想以此说服父亲。杏村粗略点计,一些规模小的、临时性的不算在内,父亲发起、组织、参加、担任职务的就有上海华洋义赈会、上海京直奉义赈会、北方工赈协会、湖南急赈会、上海新普育堂、中国红十字会、中国救济妇孺总会等十余家。每当这些慈善机构向灾区集资赈灾或接济病、弱、贫、困者时,父亲往往一马当先,毫不犹豫、毫不肉痛地将钱几千元几千元地捐出去。

杏村实难明白、理解,父亲究竟是怎么样的一个人。但他认为父亲的健康始终是最重要的大事,他拿着这些证据(报刊)连同母亲史氏及其他几个兄弟姊妹,一次次与父亲理论,要宋汉章一定要去医院复查。而宋汉章呢,还是固执己见,一再说自己的身体状况自己清楚,用不着他们瞎操心。杏村呢,也似乎下定决心,非要父亲去复查不可。他是碰着父亲就说这件事,并用激将法刺激父亲说:"上次出院时,医生嘱咐三件事,你不是口口声声答应了吗?你一贯教导我们,做人一定要守信,自己说了的话一定要付诸实践,你不去医院复查,岂不是变成个说话不算数、不守信的人吗?"

经不住儿子的一再"骚扰",宋汉章抛出一句话:"谁说我不守信用?要是医生认定,我的骨伤非得上医院复查不可,那我就听医生的。"

说者无心,听者有意,宋汉章这句话,使杏村心生一计。对!串通堂兄使个连环计。他即与堂兄梧生会面,要梧生帮忙,去医院说通一名医生,来家里当面与父亲说,他的骨伤必须去医院复诊,以防后患。

身为医务工作者的梧生,深为堂弟杏村的孝心感动。正巧,宋汉章上次住院、治疗骨伤的这家医院,有一位姓徐的副院长是他法国留学时的同学。经梧生一说,徐副院长便驾临宋家,要宋汉章必须去医院复查。

宋汉章未曾料到,徐副院长来家请他是儿子、侄子、院长他们串通连环,巧设计谋,引诱自己中计上当。此时听完侄子梧生与徐副院长在办公室内的谈话,他才知自己中计了。

叁拾壹　三请校长

抗日战争胜利后,国民党余姚县政府迁回余姚城区,重新设立县政府教育科。宋氏小学的黄校长被教育科看中,要他去教育科上任,担当要职。黄校长即写信向宋汉章报告,并呈上辞职报告。宋汉章竭力挽留,黄校长辞意已决。一所学校不能没有一位称职的校长。宋汉章心事重重,四处打听,后经好友介绍,得知就在宋氏小学坐落之地——浒塘的三里开外,有一个小村叫毛家村,村中有一位叫毛寿益的先生,学识广博,办事严谨,而且也曾担任过小学校长,目前还闲居在家。第三日,宋汉章便风尘仆仆赶到余姚,亲临毛家,诚聘毛寿益为宋氏小学校长。毛寿益无思想准备,见宋汉章前来倒也以礼相待,但当明白宋汉章等人来意后,一口拒绝,只说:"宋先生抬爱,感激在心,怎奈鄙人已年过半百,不思转入教书育人这一旋涡中去了。"

宋汉章还想跟他说些什么,毛寿益将手指向门外,推托身体不适,顾自转向内室。毛寿益的举动,使宋汉章的两位随行人员感到愤愤不平:堂堂一位中国银行总经理竟请不动一个乡村秀才。碰壁,讨了个没趣，宋汉章内心自然不愉快，但他还是对两位随行人员说："人各有志，不可勉强。我记得有这么几句俗语：得得容易，失得容易；精诚所至，金石为开。毛寿益不接受聘请，也许另有情由，今天不必再打扰他，你我等人明天再来请他。"

第二天，宋汉章又来到毛寿益家，出来迎客的是毛寿益的妻子周氏。周氏告知丈夫不在家，去余姚城里与一位朋友商议合开一家杂货店的事宜了。她还直言相告，丈夫是再也不会回去教书做校长了，那苦头丈夫是吃足了。她还说，丈夫本是一所小学堂的校长，他看不惯同校一位副校长时常勒索学生家长财物、采花折柳，因而时常与其理论，两人不合。气人的是教育科不分青红皂白，竟把他与那副校长的职务调换，只因那副校长的连襟是县参议员。丈夫气不过，就辞职回乡，发誓永世不再进校教书。周氏话毕，宋汉章两个随行人员忍不住插话："你们可知宋大班（那时上海许多人称宋汉章为宋大班）是何样的人，请转告你丈夫，机不可失，时不再来，识时务者为俊杰。"宋汉章阻止他们，让其莫信口雌黄，需以理、以事实服人。快到中午，仍不见毛寿益回来，宋汉章又只好扫兴而归。

眼见暑假已过大半，开学在即，但宋氏小学校长一职仍没有着落。这一天宋汉章顾不得自己年逾古稀，冒着酷暑，只身一人又来到毛家，见毛寿益在门口纳凉，急忙上前招呼。毛寿益猝不及防，只得请宋汉章入内。宋汉章言简意明，态度恳切。宋汉章"三顾茅庐"，毛寿益内心受到震动，但还犹豫不决，宋汉章乘机发话，开导毛寿益："鄙人已浅略知晓，毛先生遭受挫折，心头纠结难解。我倒认为,这又何妨!有些烦恼、不公、曲折在人生路上可能是难以避免的,经纶满腹白发不第,才疏学浅少年及第,历史上常见常闻。当年汉章也曾离乡背井,南下逃亡,白日不敢在人前露面,雨夜投宿农家门户。人生在世,富贵不可捧,贫贱不可欺,此乃天地循环,周而复始也。"听了宋汉章的话,毛寿益内心更受触动,大有茅塞顿开之感,但他并没当即答应担任校长,而是告诫自己,行事勿可莽撞。毛寿益对宋氏小学也有了解,其前身是丰溪乡初等小学堂,创办于宣统元年(1909)。民国八年(1919),宋汉章集资改建,改名为私立宋氏小学,宋氏子弟免收学费,毕业后的优秀学生由宋汉章推荐到上海、武汉等地工作。1934年,学校改名为丰山乡宋氏中心国民学校,增设小学高年级教育。但毛寿益从未到过宋氏小学校园现场,故他提出要先去宋氏小学实地察看一番。宋汉章速差人从余姚城轿彩店雇来小轿,一人一乘,两人来到浒塘宋氏小学。

校门口有一条小河穿过,河上一小石桥连通南北,有一种小桥流水的风韵。小河南是学校的一块操场。校内天井广阔,冬青树成排,茂盛参天。几间教室门窗干净,桌椅整齐。可容纳三四百人聚会、搞庆典活动的"中山厅"壁上贴着大理石,显得很有气派,厅正中设有一小讲台。南首是两间二层楼房,楼上供教职员工休息、宿夜,楼下一间作为入口通道,一间为打乒乓球之类用的活动室。看过现场,毛寿益颇感满意,宋汉章趁热打铁,要签订聘用协议,毛寿益却说他有几个附加条件:

一、教职员薪金要在原基础上增加百分之十;

二、学校东南方空地上新建平房三间,开办学校食堂,聘任伙房工作人员、校工各一名,工资由校董事开支;

三、适应时代潮流,创办童子军团队,不定期举办童子军课程比赛及野外露营、远足等活动,所需经费也应由校董事资助;

四、学校实施自主自理,校长有权抵制任何部门、个人对学校开展的具体事宜发号施令、指手画脚。

毛寿益提出的几个附加条件,宋汉章认为言之有理,是学校创新、发展、提质的需要,故一一答应。毛寿益也在一纸聘用协议上郑重地签上了自己的名字。

由于校董与校长志趣相投,又互相尊重,宗旨明确,思想统一,宋氏小学在毛寿益校长主持下,呈现出更上一层楼的新气象,优秀学子不断涌现,喜报频传,闻名全余姚,直至绍兴府。毛寿益担任校长,直至1950年。

叁拾贰　烂田里翻捣臼

1945年冬至前几天,宋汉章携幼子康宁等一行六人回余姚祭扫祖坟。他们先到姚西山头山,在宋汉章祖父、祖母的坟墓前点了香烛,烧了纸钱,随后转至新西门外菖蒲塘祭拜宋汉章父母亲。然后,应邀去余姚南门头岳父史桂轩的一户亲戚家,准备在那里吃夜饭。

宋汉章一行来到南门头那户亲戚家,自然受到热情招待。刚喝过两口鸳鸯茶(将白糖、高级茶叶混泡,余姚人用来招待贵客的一种茶),就听得"汉章二哥——汉章二哥——"(因宋汉章排行第二)的呼叫声。随即闯进一个五十开外的女人,直奔宋汉章跟前。宋汉章定睛细看,那女人从前似曾见过,是妻舅的一远房堂姐。他赶忙起身相迎,请她一并坐下。那女人不愿落座,倒是着急地说要宋汉章帮她一个忙。宋汉章见她急得要哭的样子,温和地表示,有事慢慢讲,凡是可帮的,一定尽力相助。

原来这女人有个名叫云坤的独养儿子,是个身强力壮的汉子,但自从染上赌博的恶习后,再也无心下田干活,每日里白天睡懒觉,晚上去赌场，横劝竖劝都无效，软功硬功都不买账。为此，父亲被气得也无法下地干活。父子俩争吵不断。近来，这逆子又赌输了许多钱，欠了一屁股烂屙账，讨债的踏断门槛，逼得她走投无路，但儿子依然不听规劝，非要她弄些钱给他，好让他去赌场翻本。她早就听说，史家人的女婿——宋汉章为人正直，威望极高，在上海做大事情，被人称为"大善人"。今日知晓宋汉章来史家，便顾不得颜面，请宋汉章能把云坤重重教训一顿，凭借宋汉章的威望，或许能使她儿子回心转意，戒掉赌博恶习。

明白了女人的来意，宋汉章态度明朗：妻子亲戚家的事，理该帮忙。他叫那个亲戚去把儿子叫来，他有话说给他听，或许能有些效果。那女人的儿子——云坤早已听说村里来了个很有身份的人，名叫宋汉章，是银行总经理，可谓位高权大钱多，巴不得能接近宋汉章。现在听娘说宋汉章要见自己，真是求之不得。云坤与宋汉章见面后，显得很有礼貌，一口一个"汉章二叔"。宋汉章见天色已不早，就开门见山，单刀直入，对云坤讲了不少赌博害人害己害社会的道理，也请云坤想一想父母双亲的感受。只是云坤似听非听，对宋汉章的这些话并无兴趣。稍后，他竟红着脸开口向宋汉章借钱。宋汉章问他要多少，云坤说起码要三百块现洋。宋汉章当即叫儿子康宁取出三百现洋，放在桌上。云坤看着桌上一叠崭新的钞票，喜出望外。他也真想不到宋汉章如此大方、慷慨，不愧是银行总经理。高兴之余，他情不自禁脱口而出："汉章二叔，此恩此德，云坤永记心头。您也尽管放心，这钱我一定如数归还。如果今晚运气好，明天一早就可把这三百大洋还到您的手上。"

云坤说到这里,宋汉章不由得一愣:我存心给你擦屁股,想帮你还清一些烂屙债,你倒把这钱作为赌本,想去赌场翻本。这还了得!给他讲理,借钱解他燃眉之急都无济于事。这……这怎么办呢?宋汉章不由自主地向门外望去,只见有一只农家舂年糕用的石捣臼放在门外,不远处又有一块冬闲着的烂田。即刻,一条妙计涌上宋汉章的心头。他回头对云坤说:"明天就可把三百元钱还我,那看来今天晚上贤侄要花费大力气去挣钱了。我得先看看,试试你的力气究竟有多大。喏!门口有只小捣臼,如你能独自把它滚过门前那块烂田,翻上对面田埂,我就信你力大无比,是条汉子。今后对你的作为,非但本人不加干涉,还会奉劝你爹娘也不要阻止,任你自己作主,任你自由,缺钱只管向我要,且不要你归还与我。"宋汉章话毕,云坤高兴至极,一时热血涌动,高声大叫:"汉章二叔真好,我云坤年富力壮,浑身有使不完的劲,小小石捣臼,何足挂齿!不是我吹牛,多少次,因人家舂年糕所需,都是我独自一人从这家翻滚到那家。"此时,云坤只觉得,桌子上的三百现洋已到了自己手上。

"我信你不是吹牛,但我还有话在先。如你不能将那只石臼翻滚到烂田对岸的田埂上,就说明你云坤是吹牛骗人,不是一条真正的汉子,桌上的三百现洋只得改日再给,因为你没有真实力。"宋汉章一字一顿地说。说时迟那时快,只见云坤已脱去上身棉袄,高高卷起裤脚,赤着双脚,轻轻松松地把门口一只石捣臼推入了烂田。但捣臼入烂田后,再要向前推动,云坤就觉得十分吃力,越推越是艰难。云坤使出吃奶之力，冬至时节弄得满头大汗，但捣臼还是不肯向前移动。他左推右推，捣臼只是左右晃动，在烂田里越陷越深。

见云坤已气败力尽，宋汉章来至烂田田埂上，语重心长地对云坤道："贤侄已够辛苦吃力，不必再在它身上用力，再用力也只是白白费劲。桌上的三百块钱你尽可拿去，与你父母好好地去过日子。这里，我再想送你一句话：痛下决心，坚决戒赌。借钱翻赌本，真可比在眼前的烂田里翻捣臼，只是白白费劲，且还越陷越深。"

宋汉章语重心长的开导和烂田翻捣臼的事实，终于使云坤明白了一个道理，他即向宋汉章等人及母亲表示：从今往后再也不做烂田里翻捣臼的呆事，决不再进赌场半步。

此后，云坤真的戒掉了赌博恶习，断绝了跟全部赌棍、赌友的关系。他早出晚归在庄稼地伺候庄稼，勤勤恳恳地过日子，两年后还娶了一位大方、贤孝的邻村姑娘为妻。几年后，他来到上海，要把三百块钱还给宋汉章。而宋汉章呢，见云坤现在这样已十分满意，坚决不收，只说这三百元钱就作为他父母养老、丧葬之费用吧！

叁拾叁 良心医院

令宋汉章料想不到的是朱老板竟不守信用，出尔反尔，说妥了为建造医院捐资 300 万元的事，今日自己上门正式要他出钱时，他却找种种借口，摊出种种困难，不肯出钱。但钱是人家的，又不能硬要他捐助，现在人家变卦了，有什么办法呢？

宋汉章只好带着不快的心情准备返回银行。见前面过来一辆黄包车，叫住后说去中国银行。黄包车夫一听他说去中国银行，便问他认不认识宋汉章。宋汉章心头一愣：一个黄包车夫问自己干什么？与自己有什么纠葛呢？他当即反问："你为什么问宋汉章？你认识宋汉章？"黄包车夫答道："不认识，只是宋汉章是上海出了名的大好人、大善人，人称宋大班。人家讲，他为人公正、诚恳、正直、守信，虽是银行总经理，却没一点架子。上海人都相信他，尊敬他。近来，他在发心，四处奔波，筹集资金，要在家乡余姚创办一家医院，这正中我的心意。"

原来，这个车夫也是余姚人。他父亲早年在浒山城里开过棉花行,大小也算是个老板,但可惜后来父母亲均患伤寒病而早早亡故。祸不单行,两年后,他十六岁的儿子又确诊了腰子病(即肾病)。他们是病急乱投医,一些没良心的医生在病人身上打主意赚外快,逼得他卖完房屋、田地、店堂,但最终儿子仍离他而去,他落得人财两空。他妻子受不住一连串的打击而引发神经错乱,离家走失,至今无着落。痛定思痛,究其原因,他认为自己的遭遇与余姚无真正替百姓解难除病的正规医院大有关系。一为赚口饭吃,二为打听妻子消息,他强忍悲痛,孤身一人来到上海,以拉黄包车为生。听人讲,宋汉章也是余姚人,发心要去余姚创办一家上规模、上档次的大医院,因自己深有体会,感触特别深,故想能见着宋汉章,当面诉说自己内心的一番情感,并想把这些年自己积攒下来的300元钞票捐给宋汉章作创办医院之用。为捐款,他已去过中国银行两次,因他与宋汉章一不沾亲,二不带故,又没有宋汉章的名片,也不知道宋汉章办公室的电话号码,而被银行门口门卫拦住。最后,黄包车夫恳切地对宋汉章说:"你要去中国银行,与宋汉章一定有啥关系,是否能行个方便带自己进入银行,或至少告知下宋汉章的电话号码?"

听了黄包车夫的一番话,宋汉章大为触动,爽快地告诉他,自己就是宋汉章。车夫喜出望外,立即停车并下车拉住宋汉章的手,久久不愿放开。此时宋汉章只觉得自己肩上的担子很重很重,劳苦大众对自己如此厚爱信任,自己该不遗余力,不辞劳累,不嫌麻烦,不怕波折,竭尽全力筹集资金,为家乡人民盖起一座现代化的医院。

这时,又见黄包车夫从贴身衣袋里摸出一张写有国币300元的银行支票，塞到宋汉章手里，让宋汉章一定不要嫌钱额少、不顶用，这是他为建造医院尽的一份心、出的一份力。宋汉章问他姓名，他说姓李，小名海潮。车行至银行门口，宋汉章请李海潮入内小坐。李海潮说不坐了，他还想去做点生意，还嘱托宋汉章：如医院顺利开办，请宋汉章一定要告诫全体医生、护士及相关工作人员，要凭良心做事，千万莫乘人之危，往病人身上打主意、赚外快、捞浮财，甚至敲竹杠。

黄包车渐渐远去，李海潮的身影却久久在宋汉章眼前晃动，他说的话也一直在耳边回响。宋汉章的心情不能平复，他决心在医院建成开业时，要把这件事说给董事们和全体医务人员听，告诫他们不负众望，真正做到救死扶伤，把病人视作亲人，力所能及地帮助病人树立信心，渡过难关。

此后，宋汉章常以李海潮的精神鼓舞自己，常常放弃节假日，起早落夜，四处奔波，筹集资金。他一共联系、接洽、动员了1973个商户和个人为创办医院捐助资金，共筹集国币7.7亿元，以及显微镜、药品等物资。

1947年5月，医院董事会成立，院舍竣工后，以余姚先贤王阳明之名，取名为阳明医院。宋汉章派侄子——留法医学博士宋梧生出任院长，又通过也是余姚人的上海医学院院长谷镜汧教授，动员众多著名医生来余姚阳明医院为人民大众服务。

1947年8月1日，医院正式接诊。开诊三天，仅做X光透视的病员就达百余人；开诊仅三个月，就为余姚城乡及邻县病员医治疾病无数,造福百姓,特别是使一些患疑难疾病者看到了康复的希望。

由于宋汉章一再强调,行医、配药一定要凭良心,严格把关,情愿亏本,故医院始终坚持低价收费、合理收费、对贫困病员免费的宗旨,也因此被当地百姓称作"良心医院"。

叁拾肆　救命医院

在辞旧迎新的除夕之夜，姚城里鞭炮声声，万家灯火。一座位于姚城候青门旁西水闸，一年前才建造的四层旧式洋房内，时有人影晃动，忙碌非常。这里就是余姚阳明医院。

这晚，一名放射科医生正在值班，他自下午四时接班后，忙得连喝口茶的工夫都没有。好不容易盼来个空闲，他才捧起早已凉了的饭菜，习以为常地吃了起来。刚扒了两口，不由得想起了远在上海的父母。在这万家团圆的大年三十，自己却不能与他们一起吃年夜饭、守夜送岁，这对父母来说是何等伤感、残酷啊！但既然自己已选择了到余姚阳明医院来为余姚民众服务，也只能无可奈何，委屈父母双亲了。

放射科医生压住心中伤感的情绪，又扒了两口饭，忽听得有人敲门。"医生——医生——"他只得放下盒饭，上前开门。只见一个中年汉子抱着一个五六岁的男孩，急促地说："医生，快……快请给我儿子拍张X胸片，仔细地检查一下。"汉子说话间，同时又撞进一老一青两个乡下农妇打扮的女人。医生接过拍片单子,只见门诊诊断意见一栏写道:昨日下午起咳嗽不断,且越来越厉害,数次口吐黄水,已经到多家医治不见效果,疑是患上急性肺炎。面对咳嗽不止、脸色已发紫的男孩和焦虑不安的这对父母双亲,放射科医生早已没了吃"年夜饭"的心思,以最快的速度开机拍片。又据患者父母的迫切要求和眼前实际情况,决定特事特办,破例当场洗片、观片。他发现男孩肺部尚无发炎之迹象,倒是两肺透亮度不一,经进一步细细观看片子,初步断定:男孩并非肺部感染,而是支气管中有异物误入。支气管被异物堵住,患者又属孩童,情况凶险紧急。攸关一条鲜活的生命,放射科医生立即陪同病患及其家属赶至急诊室,向临床医生递交X光片子,并陈述自己的观点。在征得临床医生和外科主任的同意认可后,即采取相关手术,进行抢救。手术室内明晃晃的灯光照彻屋子。不一会儿,外科医生即取出了一瓣卡在男孩支气管中的小小花生壳。

原来,患者母亲忙着过年,又炒花生又炒豆,还炒瓜子,满屋香味,诱得儿子趁着娘亲不注意偷吃了几颗花生。因怕娘亲发现,吃得匆忙,想不到一瓣花生壳竟误入支气管。取出异物后,小男孩很快停止了咳嗽,恢复了平静。此时,天色已经放明,小男孩的父母及祖母真的是千谢万谢!看着小男孩脸色渐渐红润,众位医生内心得到极大的欣慰。宋汉章先生那句"民众的平安健康,必须要有人付出、有人坚守"之语是何等的精辟在理、含义深刻呀!

新年后,小男孩要离院回家了。一个新难题却又出现在阳明医院众人的眼前。小男孩的父母都是乡下农民,且家境贫困,儿子得了重病,在旁人指点下,才自己划船,匆匆忙忙从匡堰到姚城阳明医院就医,身上只有几个零钱,远远不够医院结账时所需的费用。这……这怎么办呢?是放行还是扣人?医生们只好向医院副董事长汇报。副董事长当机立断:放行,给小男孩免费治疗。理由是:一、宋汉章先生在家乡创办阳明医院的初衷就是救死扶伤,惠泽乡里;二、医院本有给贫苦民众免费治疗的相关章程(要有乡、保及相关单位、部门的证明),乡、保的相关证明容小男孩父母改日补交;三、今日日子特殊,巧逢新春佳节,更应立马放人,让病人一家团聚,喜庆新春。小男孩一家回到匡堰,逢人便夸阳明医院,直夸阳明医院是老百姓的救命医院,创办阳明医院的宋汉章真是大善人、大好人。

此后,先后又有患盲肠炎痛得死去活来的病患,有从货车顶坠地而跌破脾脏的病患,有上山砍柴被野猪咬伤而肺脏外溢的病患等,在生命垂危之时,阳明医院不问病者经济状况,以救人生命为要,往往连夜抢救、施行手术,使一个个病患痊愈出院。无数事实,展现了阳明医院的真诚、慈善,不求利益、只求为民解急解难解痛苦的精神,让当地民众深受感动。

阳明医院这"救命医院"的名号在余姚、上虞、慈溪乃至宁波、绍兴、上海等地的百姓中传开,越传越广,越传越开。

叁拾伍　并非孙女的孙女

繁杂的银行行务,常常使宋汉章感到腰酸背痛,四肢麻木,疲惫不堪。自从银行常务董事会研究决定,董事长的职务由总经理宋汉章代理后,宋汉章更是忙得不可开交。

这天,宋汉章回到家,只草草吞了几口饭,觉得实在是累得吃不消了,就宽衣、脱鞋,上床睡了。难怪他啊,毕竟已年届古稀。谁知,刚躺下,就有人叩房门。"谁?"宋汉章问。"阿爷,我。"一声稚嫩的"阿爷",让宋汉章顿觉劳累消除了许多,他听得出来,这声音是来自孙女宋能尔。他特别喜欢能尔这个孙女,因为她乖巧、聪慧,嘴巴又甜。"能尔"这名字也是他当年按余姚丰山《宋氏宗谱》中的世系、辈分排列而起的。为此,中国银行总行迁往香港,他也把她们母女携带到香港。

宋汉章立即起床,打开了房门,小孙女一见宋汉章竟呜呜地哭了起来。

"尔尔,为什么哭?快告诉爷爷。"宋汉章心疼地问孙女。

"妈妈打我。"

"妈妈为啥打你?"

"她……她……"孙女边哭边说,似乎受了天大的委屈。

原来,能尔的妈妈,宋汉章的大儿媳家规很严,对女儿期望很高,要能尔每晚睡前在自己跟前朗诵、背熟唐诗五首。这天晚上,当能尔背诵白居易写的一首四句诗《江岸梨花》时,在第三句"最似孀闺少年妇"处总是打疙瘩,遭到了妈妈的数落,而一贯听话、温顺的能尔这次竟破天荒地开口顶嘴。这使宋汉章儿媳大感失望,用手在能尔头上拍了一下。想不到,能尔会跑至宋汉章卧室来讨"救兵"。孙女的哭诉,倒使宋汉章双眉锁了起来,陷入了深深的思索。宋汉章认为,眼前这小事看似最平常不过,背后隐藏着大道理,这实际上是每个家庭、每位长辈必临的一个大课题——如何正确地教育、培养下一代。作为父母,用打骂的方式来教育孩子肯定是下下策,然而又怎样能使孩子懂事、听父母的话,在各方面养成好习惯,使孩子日后德才双全而成为一个有用的人呢?今日作为公公、爷爷的自己怎样做、如何说,才能使母女双方均口服心服,使孙女学习更勤奋,使儿媳对女儿的教育更有效呢?要是一般的妇道人家,不难对付,可大儿媳叶德彬非同一般。她是福建富商叶鸿英的女儿,受过高等教育,毕业于上海中西女塾。儿子杏村英年早逝,使她中年守寡。更使宋汉章感到棘手、不安的是,孙女宋能尔实际上并非大儿子杏村和大儿媳叶德彬的亲生女儿,而是他们在1932年从北京东郊抱来的养女。如今,能尔还只十一岁,并不知这个隐情,以后该不该向她明说?如能尔知道了这个真相,会不会由此引发轩然大波?宋汉章越想越觉此事非同小可，必须同儿媳当面商谈，以防小洞不补，大洞叫苦。

于是他便叫阿姨把儿媳叶德彬请至客厅，在向儿媳咨询了孙女讲的话是否属实之后，宋汉章开门见山，坦率地表明自己在教育孩子问题上的看法，又以平等商量的口气对儿媳说："能尔聪慧、乖巧，我很喜欢她，虽非你们夫妻亲生，但她一出生就来到宋家。其中最辛苦的自然是你，我是看在眼里，记在心里。杏村病亡，你确实更艰辛、困苦，我深信你也定能一以贯之，将能尔视如己出，使她健康成长，培养她成为一个有用的人，一个充满爱心的人。"

公公的话，入情入理，犹如春风拂面，使叶德彬口服心服，之后，她对能尔比以前更亲更疼，更贴心爱护。

对孙女能尔，宋汉章在充分肯定她的聪慧、好学、乖巧、懂事后也严肃指出："妈妈养你很辛苦，对你要求严格是对你的疼爱，你怎可以顶撞妈妈？妈妈拍了你一下，又有何妨？你可知妈妈在你身上花费了多少的心血啊！爸爸没了，你应更听妈妈的话，千万别自恃清高、骄气凌人啊！"

爷爷及母亲的言传身教，使宋能尔一步步克服自身的不足，逐渐抛弃大家闺秀的娇气，她越来越勤奋好学，越来越刻苦懂事。她十八岁就考取华东政治学院，毕业后留校当助教。她为人善良，对社会充满爱心，始终助人，做的好事多多。因种种原因，她在1958年移居香港，1966年定居美国。1979年，中美正式建交，在祖国刚刚对外开放的时候，宋能尔就迫不及待地寻根探亲。她先到养她的上海,再到生她的北京。1983年,通过北京市公安部门的细致工作,宋能尔终于找到了她在北京东郊的出生之地,虽然亲生父母已不在世,但还有亲叔叔一家健在。

几十年来,宋能尔身居异地,但心一直向往着祖国。她花费大量精力、财力,牵线搭桥,在美国一家颇有影响力的电视台开辟《今日中国》栏目,播放由中国中央电视台制作的《泰山》《警察的业余艺术创作》《台湾同胞回大陆探亲》等专题片,让更多的美国人了解中国。为进一步了解中国、游览中国的大好河山,许多外国友人纷纷来中国考察、旅游、投资、安居,进行经济、文化交流等。

宋能尔为此感到无上光荣、高兴、自豪,也一直坚称自己姓宋,她说:"亲生父亲虽不姓宋,但爷爷(指宋汉章)已给了我一个宋的姓氏,宋杏村、叶德彬永远是我的父母亲,声名卓著的金融家宋汉章永远是我的祖父。我是宋汉章的孙女,是宋家的后代,宋家是我的根。"

叁拾陆　父亲的遗愿

"这几间原教师办公室似是危房，应该拆掉重建。""西首两间教室光线太暗，影响学生视力，东边墙上应装上玻璃窗。""中山厅修缮一定要尽量保持其原来风貌，以突出、传承宋汉章先生的风格、精神。""天井里可再种几棵冬青树，与原有的一排形成一体。"这天，余姚县丰南乡政府一班人个个献计献策，在热议蔚秀大队浒塘自然村蔚秀小学的改造、扩建方案。经征求多方意见和相关部门的论证，《蔚秀小学改建设计方案》出台了。但是，一个难题一下子把大家给难住了。

原来，蔚秀小学的前身是私立宋氏小学，创办人是中国银行董事长、中国保险公司董事长、余姚阳明医院创始人——金融翘楚宋汉章。宋氏小学的地皮及所有建筑物当初均是宋汉章投资、集资而买下或建造的。这所学校内的财物、资产应属宋汉章所有。宋汉章先生虽于1968年12月在香港谢世，但在国内上海、香港等城市以及美国、巴西等国家都还有他的子女及其他亲戚。如今，学校要改建,有些建筑要拆除,势必涉及产权问题,要征得宋汉章先生家人的同意方能行事,还牵涉到应依相关法律法规给予经济补偿等问题,弄不好,这件尊师重教的好事有可能引出麻烦、是非、祸端。何况宋家子弟均在外地、外国,又如何能联系上他们,与他们共商此事呢?事关重大,丰南乡人民政府召集相关人士开会,专门研究、讨论、商量。最后,会议决定:拜托余姚县侨务办公室与宋汉章子女取得联系,并敬请他们在百忙中抽出时间来余姚商议。县侨办领导认为,尊师重教是一件大好事、大要事,应大力支持,故通过各种渠道,终于联系上了宋汉章先生的几位子女,并道明请他们来姚的原委。

1986年初春的一个晴天,宋汉章先生的幼子宋康宁先生受其他几个兄弟姐妹的委托,风尘仆仆地来到了余姚。他长得很像宋汉章先生,中等身材,背阔腰粗,眉清目秀,虽已年近古稀,头发花白,却脸色红润,精神饱满,谈吐斯文雅致,落落大方,颇有风度。来到家乡,他显得非常高兴,把蔚秀小学前后、左右、内外处处细细察看,似乎看不够、看不厌。动情之时,他还用手摸摸教室里的门窗、天井里的冬青树。

休息片刻后,宋康宁先生当众说,当初父亲集资创办宋氏小学,为的是加快家乡发展,惠及父老乡亲。他非常感谢乡亲们把这所学校保存得如此完好,至于学校里的一切资产、财物,他认为永远归这所学校所有,任何部门、单位、个人都不得侵占。从前归宋氏小学所有,如今已改为蔚秀小学,理所应当归蔚秀小学所有。乡政府打算把学校改建、提升,那是件顺合民意的大好事。要是父亲地下有知,也一定十分高兴。当有人提及，是否适当作价、折合一定数量的人民币补偿给他们兄弟姐妹时，宋康宁先生笑了起来，然后他说："这样说起来，我们之间的距离是否会远了一点呢？难道我是来向乡亲们要钱来的吗？很惭愧也很抱歉，我们几个兄弟姐妹都没啥出息，对这次乡政府改建学校，我们没有能力出钱资助，对提升、改建学校一事，我们的态度很明朗：既不资助也不参与、干扰学校改建的工程设计和建筑施工。至于给我们的经济补偿，我们一分钱也不要。说实话，这是我父亲的遗愿。父亲健在时，常叮嘱吾辈有空要回到家乡看看父老乡亲，看看那所学校，可千万别在宋氏小学上动任何于国于民不利的坏脑筋。宋氏小学里的一切东西都是父老乡亲们的。"

附录1：

汉章族人说汉章

余姚丰山《宋氏宗谱》记载：曾被国家两次授予嘉禾奖，被称为中国银行第一人、近代金融翘楚的宋汉章，祖辈都世居余姚西门外浒塘村（今属阳明街道群立村）。其父宋世槐在姚城老西门，龙泉山南麓姚江边置有房产，取名"积庆堂"，曾去福建经营过木材、食盐生意，育有四子。1872年农历二月廿九，宋汉章出生，排行第二，原名鲁。按《宋氏宗谱》世系、辈分排列，为二十五世"云"字辈。

宋汉章先生谢世已五十多年，但家乡——余姚浒塘、廊厦的一班父老乡亲，特别是一些曾耳闻目睹、亲受其恩典的老年族人还牢牢记着他的为人、品行和当年所做的许多好事，时不时地会说起他、谈论他、颂扬他，为自己村子、宋氏家族出了这么一位了不起的名人而自豪。他们把宋汉章称为"先贤"，立志传承他的高尚品质，把"汉章故居"保护、修缮好，把"汉章故里"打造好。

乡亲、族人们聊得最多的是宋汉章爱国、敬业、诚信、正义、清廉、慈善、爱乡、律己等八个方面。

爱　国

五四运动使全国民众爱国热情空前高涨。宋汉章即以救国为使命，与商界同人发起成立"国民储金会"，为政府垫款，赎回山东高徐、济顺两条被外国人占有的铁路。

五卅惨案把中国人民的反帝斗争推向高潮。宋汉章乘势力行，以自己精通英语之优势，与当时英国驻华公使——麦克莱当面进行交涉，强调指出：上海英租界内"公审公廨"的存在，使上海民众有切肤之痛，应该尽快撤销。这事非同小可，实属不易，但经宋汉章等人的不懈努力，租界当局被迫妥协。上海人民终于实现了收回租界司法主权的愿望。

敬　业

宋汉章在中国银行工作近四十年，长期主持相关行务，几经风雨起落，其中甘苦旁人难以知晓。宋汉章自始至终勤勤恳恳、心无旁骛，以民众利益为重，不惧个人安危，为银行的成长、发展做出了巨大贡献。抗战胜利，举国共庆，当时宋汉章已年逾古稀。为使银行员工有章可循，他组织人员编写《中国银行行员手册》，且亲自审稿。

新中国成立前夕，国民党政府多次动员甚至胁逼宋汉章去台湾，他坚决拒绝，舍不下银行大业，决意留沪守沪。谁料最后被蒋介石派来的人员连骗带挟飞至香港。其间，他只与在沪的儿女通了一个电话，连夫人也没同行。到港后，他仍以中国银行董事长的身份致力于金融业发展。

新中国成立后，中国银行第一届董事会在北京召开，宋汉章虽没到会，但对他与马寅初等七人仍被推选为常务董事的决议并没反对、推辞。因为他内心深爱金融业，表示只要把中国银行的事业和名义保持下来，个人死也瞑目。

诚　信

1933年3月，与中国保险公司汉口分公司签订保险承包契约的汉口申新纺织四厂遭受火灾，损失达200万元，而当时由宋汉章一手策划、中国银行出资创办的中国保险公司在上海刚成立不久，保险公司的实收资本仅有250万元。保险公司是否能信守契约，全额赔偿纺织厂的损失是对保险公司的一个重大考验，人们拭目以待。宋汉章没有犹豫，拍板全额照赔，使纺织厂以最快速度复工、步入正轨。事后，全厂上下深为感动，登报致谢。保险公司声誉鹊起，业务俱增。

1948年12月，由上海开往宁波的招商局"江亚轮"，因故沉没，造成乘客死亡超过3000人的空前海难。其中数十人曾向保险公司保有人身意外险，死难家属向上海中国保险公司索赔。按保险规章规定，该数十人之意外死亡，不在原承保责任范围以内，保险公司可以拒绝赔偿，但宋汉章认为死难遗属的思想情绪和日后生活必须得以安慰、照顾，决定破例照赔。此举被广大民众大加赞许，称宋汉章确是个可敬可信的大好人。

正 义

宋汉章一生正义、坦然、不畏强暴、光明磊落。上海的中国银行成立不久,时任驻沪军总督的陈其美因手头银钱紧缺而要宋汉章为其定期筹款,宋汉章认为中国银行是官商合股,个人不能擅作主张,予以拒绝。陈其美大为恼怒,竟派人将宋汉章绑架拘捕,关押二十多天。在强大的社会舆论压力下,宋汉章方获保释。

1916年,袁世凯以政府名义发文,命令中国、交通两银行将已发行的纸券及应付款项一律不兑现、付现。"停兑令"使上海整座城市惊慌不安,市面混乱。宋汉章即召开股东联合会,商量决定拒绝接受袁世凯政府的"停兑令",要以百姓利益为重,以正义为要,照常兑现、付存,并千方百计平息挤兑风潮。

1927年3月,蒋介石以北伐军总司令部军需处名义向中国银行上海分行借款100万元。宋汉章按例要求其提供担保,引起蒋介石的不满。此后,蒋介石还曾胁逼宋汉章预购二五库券1000万元,限期交至南京。为捍卫正义,宋汉章在强大的压力之下没有妥协购券,他致电蒋介石说明相关情况,并表示:汉章个人死不足惜,唯恐银行从此倾覆,金融界亦将不可收拾。

清 廉

宋汉章一生廉洁奉公,生活简朴。他公私分明,从不滥用公家分文。外界送给他的酬谢费、劳务费、车马费、礼物,他一概谢绝。早年,全家住房狭小,后因家口增多,实在难以住下,在银行上层职员的要求下,他迁入金神父路(今瑞金二路)的一个西式住房居住。但宋汉章坚持按月付房租,在行立户存储。他上班、下班坚持步行,银行给他备用的车子供职工运送物件之用。他穿的是布衣,出门办事坐的是黄包车,用的是国货。他曾任上海总商会会长多年、中国保险公司董事长约二十年、上海华洋义赈会会长十余年,还担任中国红十字会常议员、中国救济妇孺总会董事、上海京直奉义赈会会计等众多公益性团体的职务,但都坚持不领取分文报酬,全尽义务。

当年,与宋汉章的女儿同吃同住同进出,做过宋家保姆的卢调珠(卢系宋汉章家乡同村人,丈夫也姓宋)回忆了宋汉章因衣着朴素、处事低调而闹出的不少趣事。一日清晨,宋汉章徒步去找永丰钱庄的老板田祈原,门卫见宋汉章身穿一件比一般长衫短一点的罩袍,脚上是布鞋,且步行而来,以为他有求于老板,谎称老板未到。于是,宋汉章到他处等候,不久后又回到钱庄门口,恰逢田祈原送客出门,见到宋汉章颇为惊讶,上前相迎。门卫见状木然,感叹自己有眼不识泰山。又有一次,上海《新闻报》的一位记者去采访宋汉章,有个女人开门相迎,记者见女人的打扮像保姆,就随口问:"你家老爷在家吗?"女人答:"我家没有老爷。"那位记者一愣。原来,开门相迎的是宋汉章的夫人。

20世纪60年代,宋汉章旅居香港,租了北角两室一厅、没有冷气的屋子。盛夏,实在太热了,他就到楼下一家理发店吹冷气。中国银行香港分行的人请宋汉章到宿舍住,他婉言谢绝,理由是无功不受禄:"我已经不是中国银行员工了,没有理由享受中行的福利。"而且,这样一位大银行家去世后,仅留下十来万美元的遗产,真的令人不敢相信。

慈 善

因受祖辈影响,宋汉章心地善良,因接济小乞丐而逃学、帮人巧惩"黄鳝竹笼"等故事在余姚流传着。可以说,宋汉章做了一生的好事。当年银行凡有员工去世,他基本都会前往吊唁,抚慰死者家属,还自掏腰包,送上慰问金。他率先提议为员工建宿舍,名为"中行别业"。宿舍地处上海近郊万航渡路,占地面积约46亩,外加一幢四层高的楼房,设有大礼堂、员工子弟小学、供销社、图书馆、理发店、诊所、点心店、篮球场、乒乓球室等,大大方便了员工的衣食住行。

中年时,宋汉章积极筹划改组中国红十字会常议会,并担任常议员,后又担任常务监事,做了大量实事。他与华洋义赈会这个公益组织关系更为密切,发挥的作用也更为显著。

除全国性著名慈善团体外,宋汉章还积极参与、支持许多一般性乃至临时性的慈善机构,如中国救济妇孺总会等,参与发起组建北方工赈协会、湖南急赈会等慈善机构。

当年,中国灾害不断,因灾而亡的人数成千上万。宋汉章为做好支援灾区的工作常常通宵达旦,一次次召开紧急会议,一次次带头募捐,一次次筹垫巨款,然后采办物资发至灾区。他不仅做赈灾救济工作,还大力开展改善灾区生产、生活、教育条件的积极性救济事业,力图从根本上改变灾区面貌。

爱 乡

宋汉章对家乡的支持和感情是说不尽、道不完的。他参与发起绍兴七邑旅沪同乡会（当年余姚隶属绍兴）、余姚旅沪同乡会，还担任征求团团长、参谋长等职务；他积极牵线搭桥，使中国银行绍兴支行、余姚支行相继建立，还在周巷镇（当时属余姚）设立、经营中国保险公司保险押汇业务机构……1936年，受全国金融危机影响，余姚24家钱庄倒闭了20家，时任中国银行总经理的宋汉章闻讯后，组织余姚联谊银团，筹集资金，给予援助，使余姚金融界的恐慌得以缓解，使之呈复苏之象。

当家乡发生灾难时，宋汉章更是当仁不让地予以援助。无论是1915年8月宁绍地区的风雨大灾，还是1918年秋宁绍一带流行的时疾，他都募款赈灾。

爱乡心切的他还常想着为家乡人民减少疾病、减轻痛苦。抗战前，他就有在姚创办现代医院的想法，曾择址余姚城区太守房路北，购地16亩，后因八一三事变中止。抗战胜利后，他积极行动，与沪上同乡集议，四处奔波，筹集资金，集资国币7.7亿元，以及显微镜、药品等物资。1947年，以先贤王阳明之名命名的余姚阳明医院举行奠基典礼，宋汉章亲临现场。同年5月，医院成立董事会；10月，院舍竣工。宋汉章派留法医学博士宋梧生也就是他的侄子出任院长，还通过上海医学院院长谷镜汧动员众多名医及上海医学院的毕业生来阳明医院为家乡人民服务。

家乡人民也把宋汉章当成了"靠山"，每每遇到困难就会致函或赴沪求助于他，他总是大力支持。当年浙东报社、南城一学校、北城一小学皆曾因资金紧缺求助宋汉章。值得一提的是，宋汉章捐资在浒塘村创办宋氏小学，宋家子弟均可在该校免费就读，毕业后，若成绩优异，会被宋汉章介绍或安排到上海的金融业、煤炭业工作。新中国成立前，农村的消防设施非常落后，一旦发生火灾，往往一时无法扑灭。但浒塘廊厦救火会的设施被民众称为"洋龙"，曰："洋龙一到，大火灭掉。"这条"洋龙"也是宋汉章出资办的。

宋汉章视余姚同乡为同胞兄弟，与谷镜汧、姜枝先、史久鳌、潘久芬等人常来常往。不仅对社会名流如此，与普通百姓也称兄道弟。当年在上海一公司谋生的家乡族弟宋云初结婚时，宋汉章亲笔写了一副婚联，表示祝贺，上联是"于佑多才，诗题红叶"，下联是"裴航有福，仙遇蓝桥"，左右角分别写了"云初宗弟、吉席之喜""族兄汉章敬贺"。此婚联被宋云初的儿子视为珍宝，至今还完好地保存着。

律　己

宋汉章一生自奉俭朴、不赌不嫖、工作勤劳、公私分明、办事认真、爱惜公务、克己律身，衣食住行力求简单。当年在宋汉章家负责膳食的卢调珠回姚后，仍在各种场合与人津津乐道："像汉章先生这种人真是天下少有，这么大的老板一点也没架子，待阿拉（方言"我们"，此指家庭杂勤人员）如兄弟姐妹。买早点、送书信等事他总尽量自己去做。每天早餐后就去上班，要等晚上八九点钟才回来，甚至更晚，似乎没有礼拜日。做好事的钞票他好像勿肉痛，大笔大笔地给人家，可屋里用点却很做人家（即节约）。有一回，他女儿想吃咸菜黄鱼，我就去买了一条，他知道后就对我说，现在国家很困难，老百姓生活非常清苦，我们家也要坚持节俭。大黄鱼吃勿起啊！有道滴水成海，要把节约下来的钱拿去派大用场。宋先生这人，人家受灾他就会去支援，人家有难他就会去帮，可屋里一家人，全靠他银行里的一点薪水过日脚。"

宋汉章的克己律身也可从当年他给他姐姐的一封信中窥见一斑。当年宋汉章的姐姐要宋汉章为其儿子介绍一份工作，这对在金融界位高权重、在上海人脉关系极为丰富、已被人称为"宋大班"的宋汉章来说，似乎易如反掌。而宋汉章却极为严格，在给胞姐的信中不仅数落外甥的"不是"，还提出外甥如来求职必须满足刻苦耐劳、勤奋肯干、担当责任、不可贪懒等四个严格的条件。

一个人道德如何，是否克己律身是关键性的一条。宋汉章一贯严格要求自己，处处以身作则。与陈光甫、张嘉璈、李铭等当时重量级的银行家相比，宋汉章没有丰富的学识、显赫的留学背景，他靠的是脚踏实地、勤奋实干、克己律身。在有了一定的地位、声誉后，他也不滥用自己的信用，不忘初心，仍艰苦好学，不抛糟糠之妻，对自己不敢放松半点。1927年国民政府定都南京，后来为进一步控制中国银行，宋子文于1935年出任中行董事长，他仍提名宋汉章继任总经理一职。宋子文之所以提名宋汉章，除了他清楚中行总经理这个职务需要经验丰富、资历深厚、在社会上有一定声誉、为人厚道的人士来担任，更看重宋汉章的克己律身。他明白像宋汉章这样的人做总经理，肯定不会胡作非为，自己则可以高枕无忧地做董事长。

宋汉章原配金氏，丰山南麓龙王堂谷箕湾村（今阳明街道庙弄村）

人,早早亡故。继配史氏,为姚城江南(今汽车南站附近)史家史桂轩之女。宋汉章育有三子二女。长子杏村,曾赴法国里昂大学留学,中年早逝;次子美扬,侨居巴西,是民族工商业家荣德生之婿;三子康宁,当年在香港开设牙科诊所;大女儿曼卿,婚嫁葛姓医生;幼女小曼。1949年,解放大军南下,国民党上层人士惊慌不定,宋汉章不愿去台湾,后飞往巴西。1962年,余姚发生水灾,他心牵家乡,叫幼子宋康宁、儿媳何香媛随同余姚旅沪同乡史久鳌、潘久芬等人组织的慰问团,来姚看望、慰问父老乡亲。之后,宋汉章曾写信给乡友张启钊、姜枝先等人,表示对家乡的眷念之情。1968年12月,宋汉章病逝于香港,享年96岁。

宋汉章清操励俗,一生廉洁奉公、公私分明,不为流俗所染,在旧社会中是极其难能可贵的。他周旋洋场半生,同外商接触频繁,人称"宋大班"。他虽与政界人士有所过从,但他坚持"在商言商",很少参与交际应酬,无官场和市侩习气,也无利用职权图己之利的行为,值得后人钦敬和族人千秋赞颂。

附录2：

1964年宋汉章写给家乡友人的一封信

佐竟吾兄台鉴：

阔别多年，萦思莫释，前奉九月五日来函，展诵之下，借悉祖国过去三年由于天灾之故，影响市场供应，所幸去年曾经好转，今年更好，副食品不仅应有尽有，而且价廉物美云云。远到闻之，无任快乐。至（枝）先与各位乡长嘱弟回国观光一节，弟自六月二十七日到香港，后来几患病两次，每次当入港中分科医院治疗。其原因由于风烛残年，有以致之，是以兄等所嘱一切，只得稍缓时日，须躯健全，始能成行耳。

专此布复，并贺新禧。

弟宋汉章拜启